VERLAG KARL ALBER

Seit den 80er Jahren hat Jean-Luc Marion gezeigt, dass die Gabe weder auf den Tausch reduzierbar ist noch selbst auf die Unentgeltlichkeit. Vielmehr schlägt er eine radikale Definition der Gabe allein aus ihrer unbedingten Gegebenheit vor. Die philosophische Argumentation, die dieser These zu Grunde liegt, wird in diesem Band mit ökonomischen, rechtspolitischen und theologischen Fragestellungen ins Gespräch gebracht.

Die Herausgeber:

Walter Schweidler ist Inhaber des Lehrstuhls für Philosophie an der KU Eichstätt-Ingolstadt.

Émilie Tardivel ist »Maître de conférences« am Institut Catholique in Paris.

Walter Schweidler / Émilie Tardivel (Hg.)

Gabe und Gemeinwohl

EICHSTÄTTER
philosophische
Beiträge

3

Herausgegeben von
Walter Schweidler

Walter Schweidler /
Émilie Tardivel (Hg.)

Gabe und Gemeinwohl

Die Unentgeltlichkeit in
Ökonomie, Politik und Theologie:
Jean-Luc Marions Phänomenologie
in der Diskussion

Verlag Karl Alber Freiburg / München

MIX
Papier aus verantwor-
tungsvollen Quellen
FSC® C083411

Originalausgabe

Satz: SatzWeise GmbH, Trier
Herstellung: CPI books GmbH, Leck

Printed in Germany

ISBN 978-3-495-48731-0

Inhalt

Walter Schweidler und Émilie Tardivel

Einleitung

Das Gemeinwohl: Viele reden davon, aber wenige können es definieren. Liegt dies daran, dass wir hier eine Leerformel vor uns haben, die man bisweilen zum Zwecke der Rechtfertigung oder Anfechtung einer politischen oder wirtschaftlichen Entscheidung benützt? Wir vermuten, dass es nicht so ist, sondern dass der Grund für die Unfähigkeit, das Gemeinwohl zu definieren, in der prinzipiellen Unmöglichkeit einer apriorischen Bestimmung des Begriffes zu suchen ist. Tatsächlich wird man hierbei sogleich an jene Art und Weise erinnert, wie Aristoteles in der *Nikomachischen Ethik* die platonische Konzeption des Guten in Frage stellt: »Das Gute (ἀγαθόν) ist nichts Gemeinsames, unter eine Idee Fallendes.«[1] Weit entfernt davon, die Tatsache des Gemeinwohls zu bestreiten und den Begriff zu ridikülisieren, macht diese aristotelische Grundbestimmung doch dessen eminent problematischen Charakter offenbar. Das Gute ist keine einheitliche Idee, die a priori den dafür zuständigen Experten – also Philosophen oder womöglich sogar Theologen – zugänglich wäre, weil es von Grund auf kategorial vielfältig ist: So erscheint das Gute unter der Kategorie der Substanz als Gott, unter der Kategorie der Relation erscheint es als Nützlichkeit – daher findet sich im (römischen) Recht der Begriff des Gemeinnutzes *(utilitas communis)* statt des Begriffs des Gemeinwohls *(bonum commune)*, weil es hier darum geht, die menschlichen Beziehungen zu regeln –, das Gute erscheint unter der Kategorie des Ortes als Wohnraum, unter der Kategorie der Zeit als Freizeit oder Arbeit, je nachdem, wie erfüllend diese empfunden wird, usw.

Wenn überhaupt, kann daher das Gemeinwohl a priori nur in Absetzung gegen seine verschiedenen kategorialen Ausdrucksformen bestimmt werden, d. h. rein formal. Keine unideologische Definition des Gemeinwohls wird sich dieser Beschränkung auf eine rein forma-

---

[1] Aristoteles, *Nikomachische Ethik* 1096 25 b.

le Bestimmung entziehen können, ohne zur beliebig einsetzbaren Leerformel zu werden. Insofern ist die Definition des Gemeinwohls, wie sie vom Zweiten Vatikanischen Konzil gegeben wurde, vorbildlich. Gemeinwohl wird hier bestimmt als »die Gesamtheit jener Bedingungen des gesellschaftlichen Lebens, die sowohl den Gruppen als auch deren einzelnen Gliedern ein volleres und leichteres Erreichen der eigenen Vollendung ermöglichen«[2]. Diese Definition integriert die verschiedenen kategorialen Elemente des Gemeinwohls (Wohnen, Bildung, Arbeit, etc.) in eine bestimmte Vorstellung vom Menschen, aufgrund derer seine Würde nicht im Horizont der Verfügung über bestimmte Mittel, sondern der Erfüllung seiner Seinsziele gründet. Das Gemeinwohl ist eben nicht nur eine Angelegenheit der Mittel, die sich prinzipiell a posteriori aus den Erfordernissen der jeweiligen Zeit bestimmen; es bezeichnet auch und vor allem die überzeitlichen Sinnziele des menschlichen Daseins, von denen her jede politische oder wirtschaftliche Entscheidung ihre Legitimität erhält.

Es ist diese fundamentale Zuordnung von Mitteln und Zwecken, die dem Begriff des Gemeinwohls sicherlich seine *politische und ökonomische Entscheidungsfunktion* verleiht. In jeder geschichtlichen Phase und in jeder Gesellschaft verlangt das Gemeinwohl, sich zu fragen, welche *konkreten, seinen unterschiedlichen kategorialen Ausformungen entsprechenden Mittel eine Gesellschaft wählen muss, um ihren und den allen ihren Mitgliedern aufgrund ihres Menschseins vorgegebenen Zielen gerecht zu werden.* Das Gemeinwohl kann also im Kontext der jeweiligen Epoche und Gesellschaft verschiedene konkrete Ausformungen annehmen; seine eigentliche Bedeutung ist aber notwendigerweise eine universelle. Denn immer stellt sich zuletzt die Frage, welcher Logik sich die Regelung der politischen und ökonomischen Entscheidungen verdankt, durch die eine Gesellschaft sich zu den ihr und ihren Mitgliedern vorgegebenen Endzielen zu verhalten vermag. Eben diese Frage ist es, die in den Beiträgen zu diesem Band zu beantworten versucht wird, die vor einem interdisziplinären Horizont (philosophisch, ökonomisch, historisch, politologisch und theologisch) von einer Leithypothese ausgehen: Die Wesenslogik des Gemeinwohls in ihrer universellen Bedeutung ist die Logik der *Gabe*.

Diese Hypothese steht besonders im Einklang mit den lehramtlichen Überlegungen, die Benedikt XVI. in seiner Aufnahme der Katholischen Soziallehre entwickelt hat. Während man seit Leo XIII.

---

[2] *Gaudium et spes*, 26.

besonders die soziale Verantwortung des Staates hervorgehoben hat,[3] bezieht Benedikt XVI. diese Verantwortung auch auf die Ökonomie, insofern er seinen Schwerpunkt auf die Grenzen einer Logik des Marktes legt: »Das Wirtschaftsleben kann nicht alle gesellschaftlichen Probleme durch die schlichte Ausbreitung des Geschäftsdenkens überwinden. Es soll auf das Erlangen des Gemeinwohls ausgerichtet werden, für das auch und vor allem die politische Gemeinschaft sorgen muß.« Daraus folge nach Benedikt XVI. ein notwendiger Einbezug sozialer Rechtsprinzipien in das ökonomische Handeln: »Es darf daher nicht vergessen werden, daß die Trennung zwischen der Wirtschaftstätigkeit, der die Aufgabe der Schaffung des Reichtums zukäme, und der Politik, die sich mittels Umverteilung um die Gerechtigkeit zu kümmern habe, schwere Störungen verursacht.«[4] Im Zeichen des Niedergangs des Wohlfahrtsstaates, der sich nach und nach unter der Last der Schulden selbst zerstört, stellt sich freilich die Forderung nach einer staatlichen Regulierung jenseits der Ökonomie als letztendlich unrealistisch heraus. Der Markt wird daher von jetzt an seine Fähigkeit zur *Selbst*regulation im Hinblick auf das Gemeinwohl wahrnehmen müssen.

Aber kann der Markt das wirklich? Ist die liberale Wirtschaftstheorie, die ihn geistig trägt, in der Lage, eine soziale Zweckmäßigkeit in ihr Schema zu integrieren? *Private vices, public benefits.* So schallt immer noch die alte Formel von Mandeville. Nichts ist heutzutage dringlicher als die Frage, ob die derart gepriesenen Laster nicht vielmehr Teil des ungeheuerlichsten Götzendienstes sind; so unterstrich Papst Franziskus jüngst erneut: »Die Anbetung des antiken goldenen Kalbs (vgl. Ex 32,1–35) hat eine neue und erbarmungslose Form gefunden im Fetischismus des Geldes und in der Diktatur einer Wirtschaft ohne Gesicht und ohne ein wirklich menschliches Ziel.«[5] Das ist der Grund, aus dem Benedikt XVI. erklärt hat, dass eine auf das Gemeinwohl orientierte Wirtschaft nicht nur einer per se idolatrischen Logik des Markes unterliegen kann, sondern immer zugleich auch »das Prinzip der Unentgeltlichkeit und die Logik des Geschenks«[6] in sich aufzunehmen habe. Damit gilt es zu klären, dass die so ausgesprochene Verpflichtung nicht von außen an den Markt

[3] Vgl. *Rerum Novarum*, 27.
[4] *Caritas in veritate*, 36.
[5] *Gaudium Evangelii*, 55.
[6] *Caritas in veritate*, 36.

herangetragen wird, sondern selbst ein Gebot »innerhalb der Wirtschaftstätigkeit«[7] selbst darstellt. Ökonomische Effizienz und soziale Gerechtigkeit wären so eng miteinander verknüpft und würden gemeinsam durch die Gabe und ihrer Erweiterung, dem Tausch, zum Gemeinwohl beitragen. Eine Ökonomie, die diesen Zusammenhang nicht respektiert und der Gabe nicht das für ihn konstitutive Primat einräumt, wird nicht nur zu einer Quelle für soziale Ungerechtigkeit werden, sie wird sich schließlich durch den Verlust jeglicher Effizienz selbst in den Ruin führen.

Eben dieses *absolute Primat der Gabe* zu denken, das ist das Thema, mit dem sich seit den 1980er Jahren der Philosoph Jean-Luc Marion aus einer primär phänomenologischen Perspektive befasst hat.[8] Sein ausschlaggebendes Werk ist und bleibt in dieser Hinsicht *Étant donné. Essai d'une phénoménologie de la donation* (1997)[9], insbesondere das zweite Buch, in dem er zeigt, wie die Gabe in ihrem Wesen nicht auf den Tausch und nicht einmal auf die Unentgeltlichkeit, welche sie in aller Regel definiert, reduziert werden kann. Marion schlägt hier in der Tat eine sehr radikale Definition und Lesart der Gabe vor, die von sich selbst her und durch sich selbst auf ihre unbedingte Gegebenheit reduziert wird. In späteren Texten wird dieser Aufweis mehrere Bestätigungen und Erweiterungen erfahren, insbesondere in den vier hier vorgestellten. Die ersten beiden hier vorliegenden Texte repräsentieren dabei den inneren Zusammenhang eines Aufsatzes von 2003 mit dem Titel »La raison du don« *(Der Grund und Ungrund der Gabe)*, in dem Marion zeigt, dass die Gabe nicht eine einfache vorbegriffliche Auslegung des Tausches ist (vgl. »Gabe und Tausch«), sondern dass ihr, wie es exemplarisch und insbesondere im Phänomen der Vaterschaft offenbar wird (vgl. »Gabe und Vater-

[7] Ebd.

[8] Jean-Luc Marion: französischer Philosoph (* 1946), Mitglied der Académie française (2008 gewählt, nimmt er seitdem den Platz von Kardinal Lustiger ein), emeritierter Professor an der Universität Paris-Sorbonne, Fortsetzung seiner Lehrtätigkeit an der Universität Chicago und am Institut Catholique Paris. Im Anschluss an Husserl und an Heidegger, aber auch an Levinas und Henry, entwickelt J.-L. Marion seine phänomenologischen Analysen am Leitfaden der Gegebenheit und seiner grundlegenden Begriffe (das Gegebene, der Hingegeben-Begabte und die Gabe). Sein Werk deckt etwas allgemeiner die Geschichte der Philosophie (im Speziellen Descartes), die Phänomenologie und die Theologie ab.

[9] Die deutsche Übersetzung dieses Zentralwerks erscheint gegen Ende des Jahres 2015 unter dem Titel *Gegeben sei. Entwurf einer Phänomenologie der Gegebenheit* (übersetzt von Thomas Alferi) beim Verlag Karl Alber in Freiburg.

schaft«), eine privilegierte Stellung zukommt. Die beiden anderen Texte geben Auszüge aus einem Buch mit dem Titel *Certitudes négatives* (2010) wieder, wo Marion sich eingehend der Beschreibung der Phänomene von Opfer (vgl. »Gabe und Opfer«) und Vergebung (vgl. »Gabe und Vergebung: Die Rückkehr des verlorenen Sohnes«) zuwendet.

Das absolute Primat der Gabe gegenüber dem Tauschgeschehen und der Vorrang der Gebung gegenüber jeglicher ihrer Bedingungen: In diesen Grundthesen, die in den vier hier vorliegenden Texten von J.-L. Marion bestätigt und erweitert werden, finden wir eine fundamentale philosophische Prämisse der Enzyklika *Caritas in veritate* und der darin enthaltenen Konzeption des Gemeinwohls. Um die Leithypothese von *Caritas in veritate* zu entwickeln – den Weg von der Gabe hin zum Gemeinwohl –, versucht dieses Buch, die phänomenologischen Analysen von Marion für eine Diskussion fruchtbar zu machen und sie mit drei anderen Perspektiven, die eher wirtschaftlicher, politischer und theologischer Natur sind, ins Gespräch zu bringen. Dieses interdisziplinäre Gespräch wird durch drei Angehörige des Institut Catholique in Paris geführt, die zugleich für ein Forschungsprojekt zum Thema Gemeinwohl (»Justice et société. Nouveau regard sur le bien commun« (2013–2016)), an dem auch die Katholische Universität Eichstätt-Ingolstadt beteiligt ist,[10] verantwortlich sind: Elena Lasida, Ökonomin und Autorin von *Goût de l'autre. La crise, une chance pour réinventer le lien* (2011), Emilie Tardivel, Philosophin, spezialisiert auf politische Themen, Autorin eines Essays über Patocka, *La liberté au principe* (2011), und Olivier Artus, Theologe, Autor von *Lois du Pentateuque. Points de repère pour une lecture exégétique et théologique* (2005).

Der erste Teil dieses Sammelbandes, der dem Thema »Philosophie und Ökonomie« gewidmet ist, setzt den Text von J.-L. Marion über die Gabe und den Tauschwert in ein Verhältnis zu dem Text von Elena Lasida, der den Titel »Ökonomie und Solidarität. Wenn der Markt der Unentgeltlichkeit Platz einräumt« trägt. Hier wird recht eigentlich die Frage nach einer veritablen Solidarwirtschaft (hier am

---

[10] Der vorliegende Band versammelt die Vorträge, welche während des von Prof. Dr. Walter Schweidler (Eichstätt) geleiteten Seminars »Gabe und Gemeinwohl«, das vom 9. bis 14. September 2013 an der Katholischen Universität Eichstätt-Ingolstadt unter Mitwirkung des Institut Catholique Paris im Beisein der Autoren dieses Bandes sowie weiterer 30 Studenten, Doktoranden, Nachwuchsforschern und des Übersetzers von *Étant donné* Prof. Dr. Thomas Alferi (Angers) stattfand, gehalten wurden.

Beispiel des Fairen Handels und sogenannter Verbrauchergemeinschaften diskutiert) aufgeworfen, die den Gegensatz von Gabe und
Tausch dadurch überwindet, dass sie zeigt, dass der Markt durch eine
andere als die reine und einfache Marktlogik gesteuert werden kann.
Die entsprechende phänomenologische Perspektive von Jean-Luc
Marion besteht darin, dass er die Gabe einer dreifachen ἐποχή unter-
zieht (hinsichtlich des Gebers, des Empfängers und der gegebenen
Gabe), um zu verdeutlichen, dass die Gabe im Gegensatz zum Tausch
unabhängig von diesen drei Bedingungen denkbar ist und sogar paradoxerweise umgekehrt proportional zum Grad von deren Realität
sich gibt. Mit dieser Reduktion der Gabe auf ihre »reine Gegebenheit«, welche die radikale Opposition von Gabe und Tausch anschaulich macht, scheint sich die Unmöglichkeit ihrer Koexistenz zu bestätigen. Lasida versucht unterdessen genau diese Schlussfolgerung
zu akzentuieren, indem sie sich insbesondere auf die Arbeiten von
Jacques Godbout stützt, der in seine Typologie des wirtschaftlichen
Wertes – demzufolge traditionellerweise zunächst alles auf den »Gebrauchswert« und den »Tauschwert« reduziert wird – noch den »Verbindungswert«, der einer Logik der Gabe immanent ist, aufnimmt.
Diese dritte Form des Wertes soll den wesentlich relationalen Charakter der Ökonomie verdeutlichen, den eine liberale Marktwirt-
schaft gern verschweigt, aber welcher unter der Zeugenschaft von
Fairem Handel und Verbrauchergemeinschaften in einer solidarischen Ökonomie, wenn auch marginal, so doch real zu Tage tritt.
Daher kommt Lasida zu dem Schluss, dass es heute nicht darum gehe,
»die Ökonomie zu moralisieren, sondern ihr ihre zwischenmenschliche Natur wiederzugeben.«[11]

Der zweite Teil, der dem Thema »Philosophie und Politikwissenschaft« gewidmet ist, setzt den Text von J.-L. Marion über die Gabe
und Vaterschaft in ein Verhältnis zum Text von Emilie Tardivel, der
den Titel »Macht und Gemeinwohl. Eine nicht-theologisch-politische
Lesart von Röm 13,1« trägt. Die Vaterschaft ist in der Tat ein Phänomen, das in besonderer Weise die Möglichkeit einer Gabe bezeugt, die
sich überhaupt nicht auf den Tausch reduzieren lässt. Die Vaterschaft
veranschaulicht für Marion die Gabe, die auf ihre »reine Gegebenheit« reduziert und konzentriert ist. Der Geber, der Empfänger und
die gegebene Gabe erfahren diese ἐποχή, der gemäß der Vater weder
weiß, dass er im Moment des Gebens gibt (ἐποχή des Gebers), noch

---

[11] Siehe S. 50 in diesem Band.

wem er gibt (ἐποχή des Empfängers), noch was er gibt (ἐποχή der gegebenen Gabe). Nicht aufgrund von Unwürdigkeit, sondern denkerischer Notwendigkeit fehlt die Gründung des Vaters und ist somit umsonst, insofern dieser dem Gegründeten mit einem Mangel an Gründung gerade die Autonomie übereignet. Aber diese Autonomie ist keine Selbstgründung. Es ist im Besonderen diese Unterscheidung zwischen Autonomie und Selbstgründung, wie sie aus der phänomenologischen Analyse der Vaterschaft durch Marion abgeleitet werden kann, auf die Tardivel ihre nicht-theologisch-politische Lektüre von Röm 13,1 stützt: Dass alle Macht von Gott kommt, das heißt vom Vater, impliziert als Legitimationsgrund unserer politischen Beziehungen keineswegs eine entmündigende, vielmehr jedoch eine nicht selbstgegründete, nicht idolatrische Macht. Diese Nicht-Idolatrie der Macht erscheint auch als Bedingung für jeden demokratischen Herrschaftsanspruch, insofern sich die Demokratie wesentlich durch eine Macht definiert, die einem Vakuum entspringt und zugehört, das niemand für sich in Besitz nehmen kann und von dem her sie sich als auto-*nom* und nicht als selbst-begründend bzw. idolatrisch anzusehen hat.[12] Die Lehre von Röm 13,1 muss damit paradoxerweise sogar als Bedingung für die Demokratie verstanden werden, das heißt als Postulat einer Macht, die sich auf das Gemeinwohl als das Gut *aller* auszurichten hat.

Der dritte und letzte Abschnitt, der sich dem Verhältnis von »Philosophie und Theologie« zuwendet, bringt den Text von Jean-Luc Marion zu Gabe und Opfer in einen Zusammenhang mit dem Text »Das Sabbatjahr und Jubeljahr in Levitikus 25« von Olivier Artus. Ausgehend von seiner Analyse der auf ihre unbedingte Gegebenheit zurückgeführten Gabe charakterisiert Marion in den *Certitudes négatives* einige Variationen der Gabe und namentlich die des Opfers als »Wiedergabe seitens des Empfängers«. Weder gibt beim Phänomen des Opfers der Empfänger die Gabe zurück, die er empfangen hat, noch bietet er dem Geber eine gleichwertige Gabe – eine Gegengabe – an; wie könnte er das auch, wenn er durch es doch erhalten hat, was er sich selbst nie geben könnte, eben das Leben? Im Opfer gibt der Empfänger in gewisser Weise die Gabe des Gebers nur weiter und lässt sie darin doch gerade als eben sie selbst sich offenbaren. Der

---

[12] Vgl. dazu die These des »legitimatorischen Vakuums« im modernen Staat bei Walter Schweidler: *Der gute Staat. Politische Ethik von Platon bis zur Gegenwart*, 2. Auflage Wiesbaden 2014, Kapitel 7, insbes. 109 ff.

Übergang von der Gegebenheit der gegebenen Gabe zur Offenbarung der empfangenen Gabe nimmt die Form einer neuen Gabe für alle an. Genau an dieser Stelle wird deutlich, dass das Opfer die Struktur der Beziehung zwischen der Gabe Gottes und der Aussage des Gesetzes wiedergibt, welche den Text der gesamten Tora, insbesondere Levitikus 25, durchzieht. Artus zeigt, dass das Jubeljahr-Gesetz, welches zwei darauffolgende Jahre der Brache (49. und 50. Jahr) und damit das Opfer der Erde fordert, in der Gabe Gottes verwurzelt ist: »Wenn ihr in das Land kommt, das ich euch gebe …« (Lev 25, 2). Das Gesetz des Jubeljahres, das auf das Gemeinwohl ausgerichtet ist und zum Ziel hat, »die sozialen Spannungen zu reduzieren und eine Gleichheit unter den Mitgliedern der Gemeinschaft Israels zu begründen«[13], gibt nur die Gabe des Gebers weiter, und zwar in Form der »Verlängerung« dieser Gabe bis in die sozialen Beziehungen hinein. Diese Verlängerung ist nicht eine Gegengabe, sondern Überfluss, der die Form einer neuen Gabe für die ganze Gemeinde annimmt und sich mit Christus auf die ganze Menschheit (Lk 4, 18–22) erweitert.

Wir schließen diese Präsentation mit einem Text von Jean-Luc Marion, »Gabe und Verzeihung. Die Rückkehr des verlorenen Sohnes«, der im Anhang publiziert ist. Auch hier gibt es die Frage nach der »Erde« – allerdings nicht nach der »Erde«, die man im freien Verzicht auf die Gleichheit mit Gott für das Gemeinwohl opfert, sondern nach dem Land, das der Sohn vom Vater als sein Erbteil, sein Eigentum und sein eigen Gut fordert. Dieses Verhalten führt, im Kontrast zum Motiv des Jubeljahr-Gesetzes, den Sohn in den Ruin und lässt ihn schließlich um die Vergebung des Vaters bitten. Die Vergebung, eine weitere Variation der Gabe, wird nun von Marion als »Überfluss der Gabe seitens des Gebers« beschrieben. In der Vergebung offeriert der Geber dem Empfänger keine neue Gabe, die die erste ersetzen würde, sondern er bestätigt die gegebene Gabe und macht sie damit von neuem sichtbar, in der Hoffnung, dass sie dieses Mal tatsächlich entgegengenommen wird. In der Heilsökonomie erscheint so die Vergebung als Grundlage des Opfers und damit auch des Gemeinwohls. Diese Analyse wird auch durch Artus bestätigt, welcher in seinem Text, jenseits des inneren Zusammenhangs zwischen der Gabe Gottes und der Aussage des Gesetzes, den Vorrang der Vergebung in den Mittelpunkt stellt: »Ebenso wie in der Feier des *yom hakippurim*, der das Jubeljahr einleitet, Gott Israel seine Fehler erlässt, so hält das

---

[13] Siehe S. 133 in diesem Band.

Jubeljahr jeden Israeliten dazu an, seinem Nächsten auf die gleiche Weise dessen Schulden zu vergeben.«[14]

Wir haben hiermit den Versuch unternommen, kurz den Weg von der Gabe zum Gemeinwohl und, vielleicht noch tiefgreifender (zumindest aus der Sicht der Heilsgeschichte), den Weg von der Vergebung zum Gemeinwohl nachzuzeichnen, der durch die verschiedenen Beiträge dieses Sammelbandes beschritten worden ist. Wir wollen damit auch einen, wenngleich auf wenige Ausschnitte begrenzten, Einblick in die Fruchtbarkeit der Phänomenologie Jean-Luc Marions für einen interdisziplinären Ansatz zur Klärung des Begriffs des Gemeinwohls aufzeigen, wie auch allgemein für die Bedeutung, die der Phänomenologie der Gabe für Bereiche zukommt, die nicht direkt zu ihrem Gegenstandsgebiet gehören: Ökonomie, Politik und Theologie. Eine Phänomenologie der Gabe erlaubt es demnach, die Frage des Gemeinwohls aus einer ursprünglichen Perspektive heraus zu erschließen – der Logik der Gabe und ihrer Spielarten des Opfers und der Vergebung –, die für dasjenige, was uns *Caritas in veritate* zu denken gibt, von originärer Bedeutung ist. So dürfen wir nun herzlich denjenigen Personen danken, die diese gemeinsame Arbeit möglich gemacht haben: die beiden Institutionen, welche das Seminar und die Veröffentlichung unterstützt haben, die Katholische Universität Eichstätt-Ingolstadt und das Institut Catholique de Paris, der Verlag Karl Alber in Person von Lukas Trabert, die Übersetzer, Martin Hähnel, Silvia Richter, Christian Rößner und Benedikt Schick und, erneut, Martin Hähnel, der die redaktionelle Betreuung dieses französisch-deutschen Gemeinschaftsprojektes übernommen hat.

---

[14] Siehe S. 147 f. in diesem Band.

Philosophie und Ökonomie

Jean-Luc Marion

Der Grund und Un-grund der Gabe

1. Contradictio in terminis

Wir geben ohne Kalkül. Wir geben ohne Kalkül und dies in jedem Sinne des Wortes. – Zunächst, weil wir *ohne Unterlass* geben. Wir geben, wie wir atmen, in jedem Augenblick, unter allen Umständen, vom Morgen bis zum Abend. Kein Tag vergeht, ohne dass wir nicht auf die eine oder andere Weise jemandem etwas gegeben hätten, ja wir nicht sogar manchmal »alles gegeben«[1] hätten. – Und wir geben, ohne darüber Buch zu führen, *ohne Maß*, weil zu geben eben bedeutet, sich zu verausgaben oder zumindest seine Zeit, seine Gedanken und Mühen nicht aufzurechnen, so dass man ganz einfach nicht bilanziert, was man alles gibt. – Und drittens geben wir ohne Kalkül, weil wir meistens geben, *ohne* ein klares *Bewusstsein* davon zu haben; es fehlt uns dafür an Zeit und Aufmerksamkeit, so sehr geben wir fast schon mechanisch, automatisch und ohne es zu wissen.

So unbewusst geschieht die Gabe, ohne dass man daran denkt oder darüber nachdenkt, dass die gebende Einstellung, die Haltung des Gebens auf den ersten Blick als selbstverständlich erscheint; gerade diese Evidenz der Gabe würde es fast schon überflüssig machen, sie ins Bewusstsein zu heben. Über die Gabe müsste man also weder weiter diskutieren noch ihr Wesen analysieren, sondern man müsste sie einfach ins Werk setzen; sie wäre kein Gegenstand des Nachdenkens, den man sich bewusst zu machen hätte, sondern sie schriebe umstandslos einen ethischen Anspruch fest oder eine soziale Ver-

---

[1] Seltsame Redewendung, denn wenn ich sage, dass ich »alles« gebe, gebe ich *de facto* meistens gar nichts (nichts Gegenständliches, keine Sache – erstes Paradox) und gerade dies erlaubt mir, alles zu geben, was ich kann, nämlich mich selbst zu geben (fast) ohne Vorbehalt oder Rückhalt (zweites Paradox). Aber was bedeutet diese Gabe, wo ich nichts gebe, um mich zu geben – nur eben nicht als eine Sache? Was bedeutet diese gegenstandslose, totale und dennoch wiederholbare Gabe? Auf Anhieb befinden wir uns gleich in einer Aporie.

pflichtung. Und falls sie dennoch eine Schwierigkeit aufwerfen sollte, bestünde diese nicht in ihrer Definition, sondern in ihrer Praxis: Von der Gabe gäbe es nichts zu sagen, sondern wie der Liebe ginge es ihr nur darum, getan zu sein.

Doch diese Evidenz nimmt uns sogleich die Gewissheit wieder, die sie zu gewähren schien. Denn die drei genannten Weisen zu geben können nicht ohne Widerspruch zusammengebracht werden. Tatsächlich annulliert die dritte Weise, ohne Kalkül zu geben – geben, *ohne* ein *Bewusstsein* davon zu haben – offensichtlich die ersten beiden: denn, wenn wir wirklich *ohne Unterlass* und *ohne Maß* gäben, wie wäre es möglich, dass wir uns dessen letztlich nicht doch bewusst wären? Und umgekehrt, wenn wir geben, ohne uns dessen bewusst zu werden, woher sollen wir dann noch wissen, dass wir ohne Unterlass und ohne Maß geben? Oder genauer gesagt, woher sollen wir die Gewissheit nehmen, dass dieses »ohne Unterlass und ohne Maß« unser Geben als echte Gabe auszeichnet, wenn wir gar kein Bewusstsein davon haben? Kurz, wie soll man ohne jede Berechnung geben, wenn man nur dadurch gibt, dass man dem Bewusstsein darüber keine Rechenschaft gibt?

Doch jenseits dieses formalen Widerspruchs zeichnet sich noch ein ungleich tieferer Widerspruch ab, der die Gabe als ganze in Frage stellt: Denn diese Gabe, die ohne Berechnung zu geben vorgibt, rechnet tatsächlich immer, ja sie rechnet sogar viel zu viel. Die Gabe gibt, ohne etwas zu verlieren und ohne sich (selbst) jemals zu verlieren, sondern kommt immer auf ihre Kosten, auf ihre Rechnung und auf sich selbst zurück, indem sie sich mindestens gleichwertig zu dem wiederfindet, was sie geblieben wäre, wenn sie nichts und niemals gegeben hätte. De facto und de jure gibt die Gabe nicht ohne Berechnung, denn unterm Strich geht die Rechnung auf die eine oder andere Weise immer auf. Die Gabe gibt, ohne sich etwas zu vergeben, weil sie sich, nachdem sie gegeben hat, unvermindert und *tel quel* wiederfindet; kurz, sie kommt auf ihre Kosten und findet so stets sich wieder (und zu sich zurück). Oder zumindest kann man eine Gabe immer in der Weise interpretieren, dass sie unvermeidlich in sich zusammenzufallen scheint, und zwar nicht wegen eines Hindernisses, das ihr von außen entgegenträte, sondern aus dem schlichten Grund, dass sich ihr Geschehen spontan vollzieht und sie sich vollkommen erfüllt. Es genügt, die drei Dimensionen des Gabegeschehens (den Geber, den Empfänger und die gegebene Gabe) zu analysieren, um zu sehen, wie sich die Gabe in ihr Gegenteil aufhebt, den Tausch.

Zunächst der Geber: In der Tat gibt er niemals, ohne im Gegenzug genau so viel zu empfangen, wie er gegeben hat. Wenn er, indem er gibt, sich als Geber zu erkennen gibt, bekommt er, auch wenn seine Gabe ihm niemals erstattet wird, zumindest die Anerkennung durch den Empfänger zurück; und selbst wenn letzterer ihm die Anerkennung verweigert, wird dem Geber immer noch die Hochachtung der Zeugen seiner Gabe zuteilwerden. Für den Fall, dass er aufs Geratewohl gibt und niemand ihn als Geber (an-)erkennt – sei es, dass die Gabe streng vertraulich bleibt (ohne Zeugen), sei es, dass der Empfänger die Gabe übersieht oder ablehnt (Undankbarkeit) –, wird der Geber immerhin von sich selbst mit hoher Selbstachtung bedacht werden (für die unentgeltliche Großzügigkeit, die ihn zum Gönner macht); und diese Hochachtung, die auch völlig verdient ist, wird ihm eine gewisse »Selbstzufriedenheit« garantieren, die Unbedürftigkeit des Weisen. Gegenüber dem Geizigen, dessen Beispiel nicht nachzuahmen er verstanden hat, wird er sich – und zwar zurecht – als moralisch überlegen erfahren, und dieser Gewinn wird seinen Verlust mehr als wettmachen. Doch damit wird, auf einen Schlag, der Geber seine Gabe annulliert und in ein Tauschgeschäft verkehrt haben – er selbst verschwindet als Geber, um zum Käufer seiner Selbstachtung zu werden. Zum Preis freilich eines Gutes, dessen er verlustig geht, um es aber wiederzufinden. Eine Wohltat geht niemals verloren.

Sodann der Empfänger: Indem er empfängt, kommt nicht nur ein bestimmtes Gut auf ihn, sondern vor allem eine Schuld; er wird zum Schuldner seines Gönners und ist also erstattungspflichtig. Wenn er nun unverzüglich ein Gut für dieses Gut zurückgibt, so wäre er von da an quitt – doch hätte er seine Schuld eben genau und nur dadurch getilgt, dass er aus der Gabe einen Tausch gemacht, die Gabe also annulliert und zum Verschwinden gebracht hätte. Umgekehrt, wenn er sich nicht auf der Stelle revanchieren kann, wird er in Zukunft ein Schuldner bleiben, vorläufig oder für immer; und so lange seine Schuld dauert, wird er seine Anerkennung zum Ausdruck bringen und seine Abhängigkeit eingestehen müssen; so wird er sich entschuld(ig)en lassen, indem er seine Schuld dadurch abzahlt, dass er sich als Schuldner unterwirft, ja zum Untergebenen eines Herren wird. Sollte er womöglich gar eine Lüge in Kauf nehmen, die auf Kosten der Gerechtigkeit geht, und also leugnen, überhaupt eine Gabe empfangen zu haben, so wird er entweder behaupten müssen, dass es sich nicht um eine Gabe, sondern lediglich um eine geschuldete

Pflicht gehandelt habe, oder dass er eben gar nichts erhalten habe. In allen beiden Fällen aber wird der Empfänger die Gabe dadurch zum Verschwinden bringen und wieder zum Vorschein kommen lassen als einen bloßen Tausch – bei dem es kaum eine Rolle spielt, ob er real ist oder fiktiv, da es ja so oder so darauf hinauslaufen wird, dass sich der Empfänger selbst abschafft.

Schließlich die gegebene Gabe: Unerbittlich bringt sie, über kurz oder lang, alles zum Verschwinden, was an ihr noch auf den Akt zurückverweist, in dem sie gegeben wurde. Denn sobald er einmal gegeben wurde, oktroyiert der Gegenstand der Gabe, worin auch immer er bestehen mag, seine Präsenz, und diese sich durchsetzende Unübersehbarkeit drängt das Geben in den Hintergrund, aus dem sie hervorging: Die gegebene Gabe beherrscht die ganze Szenerie der gebenden Schenkung und schickt sie zurück in die Inaktualität ihrer überholten Vergangenheit. Wenn den kleinen Kindern eingetrichtert wird, dass man niemals vergessen darf, sich beim Schenkenden zu bedanken, bevor man sein Geschenk in Besitz nimmt, so liegt dies weniger an schlechtem Benehmen als an einer phänomenologischen Notwendigkeit – die Gabe zieht alle Aufmerksamkeit auf sich und lässt ihre Herkunft vergessen. Kaum dem Begünstigten überlassen, kaum von diesem erhalten und gebilligt, emanzipiert sich die gegebene Gabe sofort von ihrem Geber; sie verliert mit einem Mal den Status eines durch Schenkung Gegebenen, um in ihrem reinen und nackten Marktwert zu erscheinen – taxiert auf ihren Preis, entbunden von der Intention des Gebers, zurückverwandelt in ein für sich bestehendes Objekt, ausgestattet mit dem ihr eigenen Tauschwert, kann sie gleich wieder in den kommerziellen Kreislauf eintreten (weiterverkauft werden, getauscht werden, zu Geld gemacht werden). Kaum gegeben, verschwindet die Gabe schon als gegebene Gabe, um in ihrem Marktpreis zu erstarren, als Gegenstand eines Tausches, der nun möglich, also fast unvermeidlich ist.

Wie also könnte man nicht zu dem Schluss kommen, dass die Gabe, sobald sie sich in der Tatsächlichkeit verwirklicht und im kalten Licht der Erfahrung erscheint, zwangsläufig in ihr Gegenteil verkehrt wird, gemäß einer dreifachen Angleichung an den Tausch und den Handel? Wie könnte man aus dieser Selbstaufhebung nicht auf eine radikale Labilität des Phänomens schließen, welche die Gabe zu einem Schein-Phänomen machte, das nicht in der Lage wäre, sich als objektives Phänomen zu konstituieren? Die Gabe widerspricht sich: eine *contradictio in terminis* – in den *Terms of Trade*. Denn entweder erscheint die Gabe in der Tatsächlichkeit, verschwindet aber als Gabe. Oder sie bleibt reine Gabe, wird aber unscheinbar, inaktuell, ausgeschlossen aus dem Lauf der Dinge, reine Vernunftidee und bloßes Noumenon, das den Möglichkeitsbedingungen von Erfahrung nicht untersteht. Soll sie gemäß den wirklichen Bedingungen der tatsächlichen Erfahrung erscheinen, muss sich die Gabe, die sie einmal war, zu Geld machen lassen in einem Tausch. Entweder bleibt die Gabe ihrer Gebung treu, erscheint aber niemals. Oder aber sie kommt zur Erscheinung, dann aber in der Ökonomie des Tausches, wo sie sich in ihr Gegenteil verkehrt – eben in ein Tauschgeschäft, in die Warenwirtschaft des Handels, wo man gibt, um zu bekommen *(do, ut des)*, wo man bekommt, was man gibt, und gibt, was man bekommt. Der Tausch drängt sich auf als der Grund der Gabe, an dem die Gabe zu Grunde geht. Indem sie sich der Ökonomie unterwirft, tauscht die Gabe ihr Wesen als Gabe aus und gegen eine Tatsächlichkeit ein, durch die sie, eben im Tausch, negiert wird. Ökonomisch wird die Gabe (aus- und ein-)gespart.[2]

Entgeht diese so wirkungsvolle, weil so abstrakte Kritik der Gabe ihrerseits der Kritik? Offensichtlich bietet sie die Angriffsfläche für eine Konterkritik, da sie zumindest auf einer unhinterfragten Voraussetzung beruht: nämlich dass die Gabe eine vollkommene und reine Unentgeltlichkeit impliziere, dass sie umsonst geben müsse und immer ohne jegliche Gegenleistung.

Doch über diese postulierte Unentgeltlichkeit lässt sich streiten. – Erstens, weil für den Geber wie für den Empfänger gilt, dass der Erhalt oder die Bewilligung eines moralischen (Achtung, Anerkennung), symbolischen (Verpflichtung) und folglich ungegenständlichen Zugewinns (der nichts von einer Sache, nichts von einem Wert oder Preis hat) nicht schlicht und einfach das Gleiche ist wie eine tatsächliche Vergütung (ein Betrag, ein Gegenstand, ein Gut). Wenn man diese beiden Typen von erhaltenem oder gewährtem Gewinn nicht auseinanderhält, hebt man in der Folge auch jeden Unter-

---

[2] Zur Frage nach der Gabe, zu ihrer eventuellen Widersprüchlichkeit und zur Kritik an unserer Annäherung in *Réduction et donation*, Paris 1989, vgl. sukzessive die Bemerkungen von J. Derrida in *Donner le temps 1: La fausse monnaie*, Paris 1991, insbesondere 24 f., 72 f., etc., daraufhin unsere Antwort in *Etant donné. Essai d'une phénoménologie de la donation*, Paris 1987), 108 f. und schließlich unser Gespräch »On the Gift: a discussion between Jacques Derrida and Jean-Luc Marion, moderated by Richard Kearney«, in: *God, the Gift and Postmodernism*, John D. Caputo/Michael J. Scanlon (Hrsg.), Indiana 1999.

schied auf zwischen dem Realen und dem Irrealen, zwischen Sache und Symbol: Schwankend zwischen einem Zynismus, der das Gegenstandslose vergegenständlicht, und einem Idealismus, der die Sache ihrer Tatsächlichkeit beraubt, vereinfacht diese Beschreibung in solchem Maße die Spezifität der Phänomene, um die es hier geht, dass sie diese zum Verschwinden bringt. – Zweitens versteht es sich nicht von selbst, dass die Gabe verloren sein soll, sobald sie die geringste Genugtuung erfährt. Denn eine Genugtuung kann sich aus einer Gabe ergeben, ohne darum dieser als Motiv ihrer Absicht vorauszugehen oder ihr zuvorzukommen als intentionale Voraussetzung. Wir können uns sehr wohl glücklich schätzen, gegeben oder empfangen zu haben, ohne dass glücklich zu werden darum schon Ziel und Voraussetzung unseres Gebens oder Empfangens gewesen sein muss. Es könnte sogar sein, dass wir diese Genugtuung nur deswegen erlangen, weil wir gerade *nicht* gezielt nach ihr gesucht haben, weil wir sie weder erstrebt noch erwartet haben, und dass sie uns eben darum erfüllt, weil sie (auf) uns zukommt wie eine überraschende Zugabe. Die Freude motiviert die Gabe ebenso wenig wie sie ihr vorhergeht, sondern sie kommt jedes Mal von sich aus hinzu, wie eine unerwartete, unvorhersehbare und in einem gewissen Sinn auch unverdiente Gnade. Indem die Freude die Gabe krönt, hebt sie diese also nicht auf. – Und drängt sich, drittens, nicht die Vermutung auf, dass diese so unerbittliche Reinheit, wie sie von der Gabe gefordert wird, schließlich ihre völlige Unabhängigkeit gegenüber jedem möglichen Anderen zur Folge hätte? Letztlich müsste diese reine Unentgeltlichkeit zu einer vollkommenen Autarkie führen, die nicht nur den Tausch und die Gabe ausschlösse, sondern die Alterität als solche. Wie könnte man sich aber dann noch der Vorahnung verschließen, dass eine solche Unentgeltlichkeit mit der Alterität des Anderen der Gabe auch und gerade die Ipseität des *ego* in Frage stellte, die hier als Geber oder Empfänger auf dem Spiel steht? Müsste man nicht letzten Endes unser Selbst aufheben oder sich ganz im Gegenteil für einen Gott halten, um völlig unentgeltlich geben zu können, »ohne Neid«? Es sei denn, diese angebliche Unentgeltlichkeit wäre einfach eine bloße Indifferenz, eine Gleichgültigkeit der geschlossenen Augen, die nichts jemandem gäbe und von niemandem etwas empfinge.[3]

---

[3] Die Analysen von C. Tarot, *De Durkheim à Mauss, l'invention du symbolique. Sociologie des sciences de la religion*, Paris 2000, und von A. Caillé, *Die Anthropologie der Gabe*, Frankfurt a. M. 2008, sind hier anzuerkennen.

So offensichtlich scheinen die Aporien der Unentgeltlichkeit, dass man sie niemals hätte ignorieren dürfen: Wenn die Gabe widersprüchlich wird, sobald man Unentgeltlichkeit von ihr verlangt, warum hat man diese dann überhaupt von ihr verlangt? Wahrscheinlich aus einem guten Grund: nämlich weil die Unentgeltlichkeit das beste Bollwerk gegen die Ökonomie des Tausches, ihren absoluten Gegensatz, zu bieten scheint – und in einem noch näher zu bestimmenden Sinn auch tatsächlich ein solcher Schutzwall ist. Aber warum kann sich die Unentgeltlichkeit der Ökonomie verschließen? Auf diese Frage muss eine weitere folgen: Warum sollte die Gabe, sobald sie zur Unentgeltlichkeit übergeht, sogleich verschwinden, so als ob sie nur dadurch, dass sie sich aus dem Tausch ausnimmt, auch schon generell der Erfahrung verschlossen bleiben müsste? Was können die Erfordernisse des Tausches und der Ökonomie gemein haben mit den Bedingungen der Möglichkeit von Erfahrung? Tatsächlich fallen sie schließlich zusammen, vorausgesetzt, dass man mehrere Schritte auf dem Weg ihrer Begegnung nachvollzieht. – Zunächst einmal setzt die Ökonomie die Gleichheit des Tausches voraus und bringt sie hervor: »Bei einem solchen Tausch mussten beide Parteien übereinkommen über die Qualität und die Quantität von einer jeden getauschten Sache – und bei einer solchen Übereinkunft will natürlich jeder möglichst viel bekommen und möglichst wenig geben« (Turgot).[4] Bleibt noch die Frage, woher die Macht dieser Gleichheit kommt und wie sie ihr Herrschaftsgebiet fast unvermeidlich ausweitet. Dabei geht es natürlich nicht nur um ein Streben nach formeller Exaktheit, ja noch nicht einmal um eine eingeforderte Ehrbarkeit, sondern vielmehr um eine theoretische Möglichkeit: »Alles, was der Mensch messen, berechnen, systematisieren kann, wird schließlich stets zum Gegenstand eines Maßes, einer Rechnung, eines Systems. Überall dort, wo sich unbestimmte Verhältnisse durch feststehende ersetzen lassen, werden sie letzten Endes auch ersetzt. So organisieren sich die Wissenschaften und alle menschlichen Einrichtungen« (A. A. Cournot). So »kann die abstrakte Idee des Reichtums [...], da sie ein vollkommen bestimmtes Verhältnis darstellt, wie jede genau bestimmte Idee

---

[4] A. R. Turgot, *Réflexions sur la formation et la distribution des richesses*, (verfasst 1766, veröffentlicht 1768–70), §XXXI, J.-T. Rovis/P. M. Romani [Hrsg.]), Paris 1997, 175.

zum Gegenstand theoretischer Ableitungen werden«[5]. Das Messen (die mathematische Quantifizierung) ermöglicht die Gleichheit und damit auch den Tausch. Unter diesen Bedingungen wird die Gabe durch den sie egalisierenden Tausch zu einem Objekt – zu einem Tauschobjekt, das Gegenstand des Handels ist gemäß »der abstrakten Idee eines *Tauschwertes,* der voraussetzt, dass die Gegenstände, denen ein solcher Wert zugesprochen wird, *im Handel* sind«[6]. Und der Handel erlaubt nur darum den Gütertausch, weil er Äquivalenzen zwischen Wertgegenständen bestimmt; aber er setzt diese wertmäßigen Gleichheiten nur darum fest, weil er zuvor die »Geschäftsbedingungen« der Gabe als Tausch- und Handelsbedingungen interpretiert. Nun sind aber Tauschbegriffe selbst als Objekte konstituiert durch das Maß, das sie egalisiert, also in Gleichung und schließlich in Ordnung bringt. So kommt die Gabe dadurch in den Tausch und in den Handel, dass sie sich in die Begriffe der Ökonomie übersetzen und zu deren Bedingungen als Objekt reformulieren lässt. – Nun verstehen wir, dass für die Gegenstände des Tausches die Bedingungen der Möglichkeit ihrer Erfahrung von der Ökonomie festgesetzt werden können: Direkt angewendet und umgesetzt werden durch sie nämlich die Anforderungen der *Mathesis Universalis,* im engsten Sinne ihrer cartesischen Definition: Das Ordnen erfordert den Tausch und das Messen gewährleistet die Gleichheit auf dem Gebiet der Gabe, die infolgedessen als solche in dem Maße problematisch, ja aporetisch wird, wie sie sich in einen Tausch verwandelt und verkehrt. Entweder bringt sich die Gabe auf ihren Begriff, den Tausch, und erfüllt ihre eigenen Möglichkeitsbedingungen; oder aber sie besteht auf ihrer Unentgeltlichkeit, bleibt ohne Maß und Ordnung und widerspricht den Bedingungen ihrer Möglichkeit. Gemäß den eigentlich metaphysischen Anforderungen der Rationalität kann die Gabe nur gedacht werden, wenn sie in den Tausch übersetzt wird.[7]

---

[5] A. A. Cournot, *Recherches sur les principes mathématiques de la théorie des richesses* [1839], in: *Œuvres Complètes* VIII, G. Jorland (Hrsg.), Paris 1980, 9 und 13.

[6] Ebd., 8 (Hervorhebung von Cournot).

[7] Mehr noch als auf Descartes (obwohl man hier denken könnte an *Discours de la Méthode,* AT VI, 61–62) bezieht sich A. A. Cournot auf Leibniz: »Wir haben bereits an anderer Stelle [*Traité de l'enchaînement des idées fondamentales,* II, Kap. 7] die Prinzipien dieser *höheren Dynamik* skizziert, die auf einen Einfall von Leibniz zurückgeht und uns am Beispiel der Gesetze, nach denen die Arbeit der Maschinen erfolgt, die noch allgemeingültigeren Gesetze erfassen läßt, unter deren Herrschaft sich die unaufhörliche Umwandlung der natürlichen Kräfte ineinander vollzieht; sogar zwischen dem Phänomen der wirtschaftlichen Produktion und der Maschinen-

Die Aufhebung der Gabe, so wie sie in der (ausgemessenen) Gleichheit des Tausches geschieht, definiert auch die Bedingungen der Möglichkeit ihrer Erscheinung in der Erfahrung. Denn die Gleichheit des Tausches ist nur insofern von Bedeutung, als sie den Grund seiner Möglichkeit und seiner Wirklichkeit in der Erfahrung angibt. Die Ökonomie erhebt so den Anspruch, den Tausch zu messen am Maßstab der Vernunft und ihn aus seinem Vernunftgrund zu begründen. Jeder Tausch wird seinen Grund haben, denn nichts wird mehr vergeblich getauscht werden; tatsächlich »will die ökonomische Wissenschaft nichts vergeblich verbrauchen«, da es sich bei der »Volkswirtschaftslehre«, wie auch bei allen anderen Wissenschaften (sogar denen des »Geistes«), um eine »Kunde« handelt, »die Wirkungen mit den Ursachen zu verknüpfen«, in diesem Fall kraft des Tausches, der allein den Wert bestimmt (J.-B. Say).[8] In der Ökonomie wie überall sonst ermöglicht die Angabe eines Grundes die Abgabe einer Rechenschaft, denn es rechnet die Vernunft: Sie stellt die Gleichheit wieder her und gewährleistet die Übereinstimmung mit sich, d. h. hier: den Wert. Die Vernunft gibt Grund und Rechenschaft, weil sie die Konditionen des Tausches identifiziert, der Möglichkeit also Bedingungen zuweist und die Reichtümer wie ebenso viele andere Phänomene rechtfertigt, indem sie ihnen als Wirkungen ihre angemessenen Ursachen zuteilt.

Im Übrigen hat Marx *a contrario* bestätigt, dass diese Gleichheit des Tausches die Ökonomie begründet. Wenn Marx nämlich den »Gesichtspunkt des Rechts« zurückweist, in dessen Perspektive »man im Arbeitsvertrag keinen anderen Unterschied zu allen anderen Ar-

---

arbeit können wir einen Vergleich anstellen, um die Analogien, die sie aufweisen, sichtbar zu machen« (*Principes de la théorie de richesses* [1860], in: *Œuvres complètes* IX, G. Jorland [Hrsg.], Paris 1981, 39, Hervorhebung von Cournot). – Aber auch Diderot hat auf seine Weise genau gesehen und gesagt, dass sich die »Ökonomie« in die Entfaltung der *Mathesis Universalis* im streng cartesischen Sinn einschreibt, von der sie von Grund auf abhängig bleibt, und zwar bis in die Radikalität der Objektivierung hinein: »Man erörtert, man prüft, man fühlt wenig und räsoniert viel; man *misst alles skrupulös auf der Ebene der Methode* [au niveau scrupuleux de la méthode; vgl. AT VI, 14,1: »… au niveau de la raison«], der Logik und sogar der Wahrheit […]. Eine schöne Sache, diese ökonomische Wissenschaft, doch sie wird uns noch verdummen« (*Salon de 1769*, in: *Œuvres Complètes*, H. Dieckmann/J. Varloot [Hrsg.], T. 16, Paris 1990, 657, Hervorhebung J.-L. M.).

[8] J.-B. Say, *Traité d'économie politique ou simple exposition de la manière dont se forment, se distribuent et se consomment les richesses* [1803[1]], Paris 1841, 455 bzw. 117.

ten von Verträgen erkennt als die Differenz, die in den juristisch äquivalenten Formeln: *Do ut des, do ut facias, facio ut des* und *facio ut facias* enthalten ist, und im Gegenzug anprangert, dass also »das Kapital nicht nur, wie Adam Smith sagt, Kommando über Arbeit, [sondern] im wesentlichen Kommando über *unbezahlte Arbeit* ist [...], über eine bestimmte Quantität unbezahlter Arbeit anderer Leute«, dann enthüllt Marx nicht nur den Mechanismus der »Herstellung des Mehrwertes, dieses großen Geheimnisses der modernen Gesellschaft«, sondern destruiert zugleich die ganze »politische Ökonomie«, indem er die vorgebliche Gleichheit des Tausches zwischen Lohn und Arbeit disqualifiziert.[9] So besteht die Ökonomie als solche sehr wohl darin, die Gleichheit zwischen den Tauschbegriffen wiederherzustellen, um diesem Phänomen – dem Tausch – die Garantie zu geben, dass es die Bedingungen seiner Möglichkeit erfüllt und tatsächlich erscheinen kann.[10]

---

[9] Vgl. K. Marx, *Le Capital* (dt. *Das Kapital*), Buch I, Kap. 19, Kap. 18 (Edition L. Althusser, Paris 1970, 388 f., 383, 68 f.; vgl. dt. Übers.: MEW, Bd. 23, Berlin 1962, S. 562). Der Überschuss des Mehrwertes, den die Theorie des Tausches nicht zu artikulieren vermag, zerstört dessen Gleichheit – was nicht nur im Widerspruch steht zur sozialen Gerechtigkeit und der Werttheorie von Adam Smith oder David Ricardo, sondern sogar den Begriff der politischen Ökonomie disqualifiziert (die nun als »bourgeois« gilt). Der Überschuss, auch der unsichtbare des Mehrwertes, zerstört die Tauschbegriffe und damit die Geschäftsbedingungen der Ökonomie. – Zwar zieht Georges Bataille eine Ökonomie in Erwägung, die auf dem Überschuss gründet: »Der Sonnenstrahl findet schließlich das Wesen und den Sinn der Sonne wieder: Er muss sich hingeben, *sich ohne Kalkül verschwenden*. Ein lebendiges System wächst, ja verausgabt sich *ohne Grund*«; mit der Folge, dass »das Strahlen der Sonne sich praktisch, hinsichtlich der Fülle, durch eine ihm eigene Einseitigkeit auszeichnet: *Es verschwendet sich ohne Kalkül, ohne Gegenleistung*. Die *solare Ökonomie* basiert auf diesem Prinzip.« (*L'économie à la mesure de l'univers* [zunächst in *La France Libre*, Nr. 65, Paris, Juli 1946], in: *Œuvres complètes* VII, Paris 1976, 10). Aber man kann sich fragen, ob es gerechtfertigt ist, diesen (grund- und maßlosen) Überschuss der Verausgabung von einer Ökonomie her zu denken (und zu benennen), sofern man nicht eine Ökonomie ohne Tausch, ohne Preis und ohne Wertkalkül unterstellen will, welche ja das genaue Gegenteil von dem wäre, was die Ökonomen darunter verstehen.

[10] Darin geht Marx nicht über Aristoteles hinaus. Auf der einen Seite definiert die Gleichheit die Gerechtigkeit und damit den Tausch: »Da aber der Ungerechte wie das Unrecht die Gleichheit verletzen, so gibt es offenbar auch ein Mittleres zwischen dem Ungleichen. Es ist das Gleiche.« (EN V, 6, 1131 a10–11). Auf der anderen Seite besteht die Ungerechtigkeit darin, durch die Aneignung des »Mehr« (-wertes) die Gleichheit zu sprengen: »Denn wer Unrecht tut, der eignet sich vom Guten zu viel an, und wer Unrecht leidet, bekommt davon zu wenig.« (EN V, 6, 1131 b19–20).

2. Die Ökonomie

Der Tausch genügt also, um Grund zu geben – um der Gabe zu geben, was man ihr schuldig ist (in der Ökonomie), um die Wirkung auf ihre Ursache zurückzuführen (in der Erfahrung). Wie ihr genügender Grund ist die Vernunft immer zureichend und stellt in solcher Süffisanz die Gleichheit wieder her, die Verständlichkeit und die Gerechtigkeit. Diesem Gesuch des Grundes sich zu entziehen gibt es im Prinzip keine Berechtigung – jedes Sagen, jedes Tun und jedes Geschehen, jedes Faktum, jedes Objekt und jedes Seiende[11] muss Antwort geben auf die Frage nach dem Warum *(διοτι; cur?)*, sogar die bloße Idee, ja selbst Gott[12] – und also auch und besonders die Gabe. Vielmehr, wenn die Gabe auf Unentgeltlichkeit beruht, dann kann sie von der Vernunft und ihrer Ökonomie der zureichenden Gründe nur (aus- und ein-)gespart werden, eben im Namen einer ökonomischen Rationalität, in die hinein sich die Sparsamkeit der Vernunft fortsetzt. Folglich liegt es in der Logik der Vernunft und des zureichendes Grundes, dass sie die Gabe von der Erfahrung ausnehmen und also aus der Phänomenalität ausschließen muss: Unsichtbar muss alles werden, wofür es keinen zureichenden Grund und keine ökonomische Rechtfertigung gibt, an erster Stelle also die Gabe.

---

[11] Leibniz betont nachdrücklich die Universalität des Satzes vom zureichenden Grunde, der sich bis auf die Kontingenz des Ereignisses erstreckt. So heißt es etwa: »Keine Begebenheit [kann] wahrhaftig und würklich vorhanden, kein Satz echt oder der Wahrheit gemäß sein, wo nicht ein zureichender Grund sei, warum das Factum oder der Satz sich vielmehr so und nicht anders verhalte« *(Monadologie,* § 31). Oder: »Dieses Prinzip ist dasjenige eines zureichenden Grundes, damit ein Ding existiert, *ein Ereignis geschieht, eine Wahrheit statthat.« (Fünfter Brief gegen Clarke,* GW VII, 415, Hervorhebung J.-L. M.). Oder auch: »Constat ergo omnes veritates *etiam maxime contingentes* probationem a priori seu rationem aliquam cur sint potius quam non sint habere. Atque hoc ipsum est quod vulgo dicunt, nihil fieri sine causa, seu nihil esse sine ratione.« (Ebd., 301; *Recherches générales sur l'analyse des notions et des vérités, 24 thèses métaphysiques et autres textes logiques et métaphysiques,* J.-B. Rauzy [Hrsg.], Paris 1998, 458, Hervorhebung J.-L. M.).

[12] Auch ohne Rückgriff auf die cartesische *causa sui,* die selbst Gott (»de ipso Deo quaeri potest«, *IIae Responsiones,* A.T., VII, 164, 29) der Ursache (oder in seinem und nur in seinem Fall: der Vernunft) unterwirft, wird Gott von Leibniz dennoch so gedacht, als sei er Grund (sein eigener zureichender Grund) für sich selbst: »Vides quid ex illo theoremate sequatur, *nihil esse sine ratione.* [...] omnia, quae sibi ipsi ratio cur sint, non sunt [...] ea tamdiu in rationem, et rationem rationis, reducenda esse, donec reducantur in id quod sibi ipsi ratio est, id est Ens a se, seu Deum« (*Confessio philosophi,* Y. Belaval (Hrsg.), Paris 1970, 40).

Man kann daher die Aufhebung der Unentgeltlichkeit durch die Ökonomie verstehen: Von der Gabe Rechenschaft zu geben bedeutet nachzuweisen, dass niemand gibt, ohne dies in Rechnung zu stellen, d. h. dass niemand gibt, ohne sich dessen bewusst zu werden und es sich also tatsächlich oder symbolisch erstatten zu lassen, d. h. dass man immer nur gibt gegen bar und bar aller Selbstlosigkeit. Immer kann die ökonomische Vernunft in ihrer Logik des zureichenden Grundes die Gabe in Besitz und Beschlag nehmen, indem sie nämlich für jedes ihrer Momente den Tausch als Grund angibt. Die Selbstwidersprüchlichkeit der Gabe, wie wir sie im Allgemeinen skizziert haben, kann nun konkreter wiederaufgegriffen werden in Form einer dreifachen Antwort auf die Forderung der Vernunft nach zureichenden Gründen. Um zu dieser Interpretation zu gelangen, genügt es, zu unterscheiden zwischen externen Gründen (oder Ursachen) und internen Gründen (oder Motiven).

Der Geber vergibt sich nichts, weil es sich – ob nun tatsächlich oder symbolisch – für ihn, wie gesehen, immer lohnt. Vor allem aber das Verdienst des Gebers kann man mit dem Argument abstreiten, dass er ja nur gegeben hat, was er geben konnte; dass er also von dem gegeben hat, was er zu viel hatte; aber von dem, was er zu viel hatte, konnte er sich *per definitionem* trennen; es gehörte ihm also eigentlich nicht; und indem er es gegeben hat, hat er also eigentlich nur einen Überschuss an Eigentum neu verteilt, den er zu Unrecht in Besitz genommen hatte; das Gerechtigkeitsgebot verpflichtete den Geber von Rechts wegen zur Umverteilung dessen, was ihm de jure gar nicht zustand; indem er zu geben vermeinte, hat er also nur seine Pflicht getan und ein Gebot der Gerechtigkeit erfüllt. Die Gerechtigkeit, Motiv (interner Grund) der scheinbaren Gabe, erklärt und fordert sie als schlichte Pflicht; und auf einen Schlag löst sich die vorgebliche Unentgeltlichkeit in Luft auf und wird einfach zu einer Frage der Gerechtigkeit – ja man kann eigentlich nicht mehr von einer Gabe sprechen, wenn es nur darum geht, jedem das Seine zu geben, also jedem zu geben, was man ihm schuldig ist, und jeden auf seine Kosten kommen zu lassen.

Und umgekehrt kann auch der Empfänger gute Gründe vorbringen, ein Gut gemäß dem bloßen Tausch zu erhalten, und also leugnen, dass er hier von einer Gabe begünstigt werde. Er braucht bloß zu behaupten, dass diese angebliche Gabe ihn einfach als etwas erreicht, das man ihm schuldig sei. Denn wenn ich mich in der Lage eines Armen befinde, der wirklich notleidend ist, dann bin ich ein Hilfsbedürftiger. Das heißt nicht nur, dass ich etwas benötige, was mir fehlt, sondern dass ich dessen bedarf, was mein Menschsein notwendig und zu Recht erfordert: Kraft der Menschenrechte habe ich das Recht (und nicht nur das Bedürfnis), mich zu ernähren, mich zu kleiden, Unterkunft zu finden und sogar Lohn zu verdienen; was mir an Hilfe aus privater oder öffentlicher Hand gegebenenfalls zukommen mag, werde ich also nicht als eine Gabe erhalten, sondern als etwas, das mir zusteht. Ich erhalte nicht nur kein Geschenk, sondern ein solches Geschenk müsste mich beleidigen und mir Unrecht tun: Ich fordere nur ein, was mir von Rechts wegen zusteht, und diejenigen, die mir das Meine geben, sind es mir schuldig gemäß einer Pflicht, die ihnen die Objektivität des Rechts vorschreibt. Überließen sie mich nämlich wirklich meinem Elend, würden sie nicht nur mein Leben aufs Spiel setzen, sondern meine Menschlichkeit in Frage stellen, die sie zur bloßen Animalität herabwürdigten; aber indem sie mir das Menschsein absprächen, brächten sie auch sich selbst um ihre Menschlichkeit. Nicht allein der Menschheit in meiner Person müssen sie Rechnung tragen, sondern auch der in ihrer eigenen. Wenn sie meiner Not nicht zu Hilfe kommen (aus bloßer Solidarität zwischen Menschen), dann untergraben sie ihre eigene Menschenwürde und ihren moralischen Status als Rechtssubjekte. Wenn daher die Anderen mir geben, was ich brauche, um ein Mensch zu bleiben, dann tun sie nur ihre Pflicht: nicht eine Gabe geben sie mir, sondern sie geben mir wieder, was mir gehört, und versichern sich so ihrer eigenen Menschenwürde. Es handelt sich hier um einen (freilich symbolischen) Tausch zwischen meiner Menschlichkeit und der ihren, wo jedoch das Symbol aufgeladen ist mit der höchstmöglichen Wirklichkeit, da es das ist, was uns vereint in Gleichheit, in einer Menschheit. Die Gabe hebt sich auf in Pflicht und Schuldigkeit, die Unentgeltlichkeit in Solidarität, und einzig praktiziert wird der symbolische Tausch der Sozialität als letzter Ökonomie.

Wenn wir nun über die internen Gründe (Motive) hinausgehen und die externen (Ursachen) betrachten, können wir die gegebene Gabe (den Gegenstand selbst, das Objekt) ebenso auf die Ökonomie zurückführen. Ein banales Beispiel: Wenn eine »humanitäre« (um nicht zu sagen: karitative) Organisation Nahrung, Kleidung, Wohnung oder spezielle Arbeitsstellen »gibt« (lassen wir diesen problematischen Begriff für den Augenblick gelten), dann verteilt und verschenkt sie all dies sehr wohl unentgeltlich, d.h. diese Dinge sind kostenlos und wechseln den Besitzer, ohne dass sie in Form einer ökonomischen Transaktion bezahlt werden. Doch bedeutet dies nicht, dass diese Güter überhaupt keinen Tauschwert, überhaupt keinen Marktpreis hätten; im Gegenteil, man hat sie sehr wohl produzieren und auf den Markt bringen, also auch zum Marktpreis einkaufen müssen, um sie nun unentgeltlich zur Verfügung stellen zu können. Wie hat man diesen Preis bezahlt? Offensichtlich über Spenden: Überschüsse von Privatpersonen, Restposten von Unternehmen oder Subventionen von der Allgemeinheit. In all diesen Fällen handelt es sich um Verbrauchsgüter oder Ausrüstungsgegenstände, die mit einem präzise kalkulierbaren Marktwert dotiert und zunächst im Wirtschaftskreislauf einbegriffen sind. Nur werden diese Güter, nachdem sie ökonomisch erworben oder produziert worden sind, eben diesem Wirtschaftskreislauf wieder entzogen, wenn ihre Käufer oder Produzenten sie zum Preis eines wirtschaftlichen Verlustes abgeben (sei es aus reiner Großzügigkeit oder einer mit Realitätssinn verbundenen Großzügigkeit, wenn diese Waren nämlich ohnehin unbrauchbar oder unverkäuflich geworden sind und nur noch wenig wert). Solange sie in den Händen der »humanitären« Hilfsorganisationen liegen, d. h. bis sie wieder verteilt werden, bleiben diese Güter zwischengelagert, sind sie in ihrem Tauschwert neutralisiert und befinden sie sich außerhalb des ökonomischen Zirkels. Aber sobald sie einmal gegeben sind, werden sie sogleich wieder diesen Wert annehmen – und aus genau diesem Grund werden sie auch den Mittellosen helfen, indem sie ihnen nämlich Güter zur Verfügung stellen, die einen Tauschwert, einen ökonomisch verrechenbaren Preis haben, ohne dass die Hilfsbedürftigen diesen Preis bezahlen müssten. Offensichtlich ist dem »humanitären« Ansatz weder an der definitiven Suspension des Tausches noch an einem illusionären Austritt aus dem Wirtschaftskreislauf gelegen, sondern vielmehr gerade an der finalen Wiedereingliederung des Bedürftigen in diesen durch eine exzeptionelle Unentgeltlichkeit, durch eine ausnahmsweise erfolgende Neutralisierung des Tausches. Der flüchtige Augenblick der Aussetzung des Tausches (das Ereignis der Gabe im strengen Sinn) zielt nur darauf ab, die Gabe letztlich in die Ökonomie zu reintegrieren und also als Gabe zum *Verschwinden* zu bringen. Mehr noch, der nun nur noch provisorische Augenblick der Gabe steht auch gar nicht am Beginn einer Suspension des Ökonomischen – vielmehr war es die nackte Not, die es dem Armen unmöglich machte, in den Tausch einzutreten, und die aus diesem Defizit heraus die Ökonomie außer Kraft setzte; durch die Gabe wurde also nur diese anfängliche Suspension (der ursprüngliche Mangel) suspendiert (durch eine zweite Positivität); indem sie anstelle des Zahlungsunfähigen zahlte, hat sie diesen dann wieder in den Zirkel des Tausches eingesetzt. Die Gabe ist also keine, und zwar in zweifacher Hinsicht: zunächst, weil sie letzten Endes die Ökonomie wiederherstellt, und dann, weil sie die Bedürftigkeit sozusagen freikauft, indem sie ihr die Mittel zur Verfügung stellt, um von Neuem zahlen, kaufen, tauschen zu können. Die Gabe arbeitet also an der Wiederherstellung der Ökonomie, nicht an deren Aufhebung. Sie gleicht die vormals unausgeglichenen Konten des Bedürftigen aus, setzt die Zählerstände zurück auf Null und ermöglicht es ihm dadurch, von Neuem zu zählen und zu rechnen, von Neuem Rechenschaft abzulegen und seine künftigen Tauschgeschäfte zu rechtfertigen. Im Zusammenhang solcher »humanitären« Organisationen spricht man daher nicht nur von einer kooperativen *Ökonomie*, sondern auch von Wiedereingliederungsbetrieben – Eingliederung eben in die Ökonomie. Der (flüchtige) Augenblick der Gabe erscheint am Ende gar als heimlicher Handlanger der Ökonomie, als ihr Erfüllungsgehilfe, nämlich als eine Ursache oder als ein Grund mit der Kraft, die Ökonomie an genau dem Punkt wieder zum Laufen zu bringen, wo sie sich blockiert fand.

Die Gabe kann und muss (einfach um ihrer sozialen Wirksamkeit willen) sich unter ihren drei Aspekten entweder auf den Tausch zurückführen lassen (Gerechtigkeit zwischen Geber und Empfänger) oder dazu beitragen, diesen Tausch wiederherzustellen (ökonomische Wiedereingliederung durch die Gabe); anstatt sich von der Ökonomie auszunehmen, muss sie sich vielmehr in die Ökonomie aufheben, die sie wiederherstellt. So gibt es immer ein Motiv oder eine Ursache, um die Gabe ihrer ökonomischen Interpretation zu unterwerfen und ihr Rechnung zu tragen im Sinne des Tausches. Entweder bleibt die Gabe vorläufig und bloßer Schein oder aber sie erscheint, dann aber als Objekt, das der Logik des Tausches folgt, indem es dem Prinzip vom zureichenden Grund gehorcht und so einer selbstgefälligen Vernunft gefällt, die es der Ökonomie assimiliert. Die ökonomische Vernunft spart sich die Gabe, weil sie hinreichend Grund für sie hat.

Aus dem Französischen von Christian Rößner und Martin Hähnel

Elena Lasida

Ökonomie und Solidarität. Wenn der Markt der Unentgeltlichkeit Platz einräumt

Die Ökonomie im Allgemeinen und der Markt im Besonderen werden der Sphäre des individuellen Nutzens und des Kalküls zugeschrieben: Der Konsument wählt das zu kaufende Gut abhängig von seinen Bedürfnissen und dem zu bezahlenden Preis; der Hersteller entscheidet zu verkaufen gemäß dem daraus zu ziehenden Nutzen und den Herstellungskosten. A priori scheint der Handelsaustausch der Gabe und dem Unentgeltlichen keinen Platz zu lassen. Jedoch schlägt die letzte Enzyklika Papst Benedikts XVI., *Caritas in Veritate*, vor, die Gabe und die Brüderlichkeit in die ökonomische Aktivität einzubeziehen:»In den geschäftlichen Beziehungen können und müssen das Prinzip der Unentgeltlichkeit und die Logik der Gabe, als Ausdruck der Brüderlichkeit, ihren Platz finden innerhalb der normalen ökonomischen Aktivität.«[1]

Diese Befürwortung wurde von mehreren Kommentatoren als eine der Besonderheiten des Textes angesehen. Besonderheit deswegen, weil es sich nicht darum handelt, die Gewinne zu geben oder zu teilen, der klassische Weg des Mäzenatentums, sondern die Gabe und die Unentgeltlichkeit zu integrieren in die Aktivität der Herstellung der Gewinne selbst. Jedoch präzisiert die Enzyklika nicht, *was* diese Verknüpfung wäre zwischen dem Markt und der Unentgeltlichkeit, so dass Fragen und Interpretationen hervorgerufen werden. Um an dieser Debatte teilzunehmen, schlage ich vor, auf drei theoretische

---

[1] Die Übersetzung folgt dem Zitat im Text der Autorin; vgl. hierzu auch den Satz in der deutschen Fassung der Enzyklika, siehe: Benedikt XVI., *Die Liebe in der Wahrheit. Die Sozialenzyklika ›Caritas in veritate‹*, Freiburg/Basel/Wien 2009, 84: »Wir müssen in unserem Denken und Handeln nicht nur zeigen, dass die traditionellen sozialethischen Prinzipien wie die Transparenz, die Ehrlichkeit und die Verantwortung nicht vernachlässigt oder geschwächt werden dürfen, sondern auch, dass in den geschäftlichen Beziehungen das Prinzip der Unentgeltlichkeit und die Logik des Geschenks als Ausdruck der Brüderlichkeit im normalen wirtschaftlichen Leben Platz haben können und müssen.«

Verweise zurückzukommen, veranschaulicht durch zwei Aktivitäten, die der solidarischen Ökonomie eigen sind: der Fair Trade-Handel und das direkte Verkaufssystem, das sich über die Verbrauchervereinigungen für die Beibehaltung der bäuerlichen Landwirtschaft (AMAP, *Association pour le maintien de l'agriculture paysanne*)[2] organisiert.

Die drei theoretischen Verweise entstammen der Studie über die Gabe von Jacques Godbout im Werk *Ce qui circule entre nous.*[3] Man findet hier den gleichen Typus des Paradoxes wieder wie zwischen Markt und Unentgeltlichkeit, jedoch dargelegt ausgehend von der Gabe. J. Godbout assoziiert die Gabe – normalerweise als ein unilateraler und außergewöhnlicher Akt aufgefasst – mit dem, »was zwischen uns zirkuliert«, d. h. als einen gegenseitigen und gewöhnlichen Akt. Im Allgemeinen als ein unentgeltlicher und uneigennütziger Transfer angesehen, also einseitig ausgerichtet, wird die Gabe hier präsentiert als ein fundamentaler Träger jeder Beziehung, inklusive der Handelsbeziehung. Um dies zu erklären, differenziert der Autor zwischen drei Arten des Werts, die mit jedem im Handel ausgetauschten Gut assoziiert werden. Die ersten beiden – klar definiert in der Ökonomie – sind der »Gebrauchswert« *(valeur d'usage)*, bestimmt durch die konkrete Nützlichkeit des Guts, und der »Tauschwert« *(valeur d'échange)*, bestimmt durch den Marktwert, also der Fähigkeit des Guts, gegen andere Güter ausgetauscht zu werden. Aber er fügt noch eine dritte Form hinzu, als »Verbindungswert« *(valeur du lien)* bezeichnet, bestimmt durch die Beziehung, die sich bildet zwischen denen, welche die Güter in Umlauf bringen. Godbout verbindet die Gabe mit diesem Verbindungswert, denn das, was zählt in der Gabe, ist nicht die geschenkte Sache, sondern die Beziehung, die sie stiftet. Die Gabe erfordert keine Rückgabe: Sie fordert den Empfänger auf, seinerseits Spender zu werden.

Wir beziehen uns auf diese drei Formen des Werts, um im Handelsaustausch Öffnungen einzuführen, die der Brüderlichkeit, der Gabe und der Unentgeltlichkeit Platz einräumen. Godbout realisiert diese Öffnung im Wesentlichen durch den Verbindungswert. Jedoch

---

[2] Im Folgenden wird das franz. Kürzel »AMAP« immer hinter der dt. Bezeichnung angeführt, um auf die Originalbezeichnung hinzuweisen (Anm. d. Übers.); die deutsche Entsprechung für »AMAP« ist »VG« für Verbrauchergemeinschaft (Anm. d. Red.).

[3] Jacques Godbout, *Ce qui circule entre nous – Donner, recevoir, rendre*, Paris 2007.

erlaubt eine gewisse Herangehensweise an den Gebrauchswert und den Tauschwert ebenfalls, diese Verschiebung vorzunehmen.

Die in jeder dieser drei Wertformen eingeführte Öffnung wird veranschaulicht durch zwei Praktiken der solidarischen Ökonomie. Auf der einen Seite beziehen wir uns auf den Fair Trade-Handel, definiert als eine Form der Partnerschaft zwischen kleinen Herstellern des Südens und den Verbrauchern des Nordens. Dieser Handelsaustausch vollzieht sich mit einem Preis, der als »gewinnbringend« oder »garantiert« angesehen wird, d. h. der nicht nur dem Marktpreis, sondern auch den Bedürfnissen des Herstellers Rechnung trägt. Es handelt sich darum, dem Hersteller die Möglichkeit zu garantieren, seine Aktivität zu entwickeln und würdig zu leben. Im Gegenzug erhält der Verbraucher ein Gut mit einer bestimmten Qualitätsgarantie: eine physische Qualität des Guts, aber auch eine ökologische und soziale Qualität, verglichen mit den Herstellungsbedingungen des Guts. Der Fair Trade-Handel präsentiert sich auf zwei sich ergänzende, obwohl oft entgegengesetzte Weisen: derjenigen der »etikettierten« Produktlinie, bei der die mit dem Etikett versehenen Produkte überall verkauft werden können, d. h. auch in den großen Supermärken; und die »integrale« Linie, bei der die Produkte lediglich in den für den Fair Trade-Handel vorgesehenen Läden verkauft werden. Die erste Art betrifft eine größere Öffentlichkeit, jedoch auf Kosten einer gewissen Inkohärenz, während die zweite den Prinzipien der Gerechtigkeit treu bleibt, vom Beginn bis zum Ende der Kette, mit dem Risiko, auf eine gewisse Elite von aufgeklärten Verbrauchern beschränkt zu bleiben.

Darüber hinaus möchten wir auch eine andere Handelspraxis erwähnen, die verbunden ist mit dem Nah- bzw. »vor Ort«-Handel. Es handelt sich um die Verbrauchervereinigungen für die Beibehaltung der bäuerlichen Landwirtschaft (AMAP), eine andere Form der Partnerschaft zwischen den Herstellern (im allgemeinen Gemüsegärtner) und den in der Nähe wohnenden Verbrauchern. Die Verbraucher bezahlen im Voraus für ein Jahr den Preis eines Warenkorbs, der ihnen jede Woche angeliefert wird, mit den Gütern der Saison, direkt bei den Erzeugern angebaut. Die Verteilung ist zentralisiert an einem gemeinsamen Ort mit einem wöchentlichen Zusammenkommen, bei dem jeder Verbraucher seinen Korb abholt. Der Verkaufsort wird somit zu einem Ort der Begegnung und des Zusammenlebens.

Zwei Handelspraktiken, die eine international und die andere vor Ort, die eine neue Form der Unabhängigkeit schaffen zwischen Verbraucher und Hersteller, verschieden von der des klassischen Handels.

Diese zwei Praktiken werden es uns erlauben, Öffnungen innerhalb des Handelsaustauschs zu veranschaulichen, die der Brüderlichkeit, der Gabe und der Unentgeltlichkeit Platz einräumen. Es handelt sich hier nicht darum, sie zu einem zu generalisierenden Handelsmodell zu erheben: Jedoch unterstreichen diese geschäftlichen Praktiken deutlich eine andere Logik als die, die einzig und allein vom Kalkül und dem persönlichen Interesse bestimmt wird. Es sind keine Praktiken, die die Ökonomie »moralisieren«, sondern sie vervielfältigen und offenbaren ihren pluralen Charakter.

1. Gebrauchswert: von der individuellen Nützlichkeit zur Brüderlichkeit

Der Gebrauchswert ist bestimmt durch den konkreten Wert des Guts. Er bezieht sich auf die charakteristischen Eigenschaften jedes Guts, welche es in den Augen des Verbrauchers nützlich und begehrenswert machen. Der Gebrauchswert ist daher verbunden mit der Nützlichkeit, die dem Verbraucher durch das Gut gewährleistet wird, mithin seine individuelle Zweckmäßigkeit. Jedoch kann ein und dasselbe Gut gleichzeitig dem Interesse zweier Individuen dienen, und die Wahl des Konsums geschieht nicht nur im Hinblick der individuellen Nützlichkeit, sondern auch in der Absicht einer für beide Seiten günstigen Nützlichkeit. Diese gegenseitige Nützlichkeit wird von L. Bruni und R. Sugden in ihrer Analyse des Handelsaustauschs als »Brüderlichkeit« bezeichnet.[4] Sie stellen den individuellen Nutzen und den Nutzen für den anderen nicht als entgegengesetzte oder rivalisierende Ziele dar, sondern als innerhalb der Handelsbeziehung miteinander verbundene Zielsetzungen. Die Brüderlichkeit erscheint infolgedessen nicht als ein moralischer Imperativ, sondern ganz im Gegenteil als eine Form der Abhängigkeit, die der Handelsbeziehung zu eigen ist.

Diese Art, die Brüderlichkeit innerhalb der Handelsbeziehung aufzufassen, verbunden mit einem Nutzen, der potentiell vorteilhaft für beide Akteure ist, die den Austausch realisieren, kann veranschaulicht werden mittels einer Eigenschaft, die sowohl im Fair Trade-Handel als auch in den Verbrauchervereinigungen für die Bei-

---

[4] L. Bruni, R. Sugden, »Fraternity: why the market need not be a morally free zone«, in: *Economics and philosophy*, 24 (2008), 35–64.

behaltung der bäuerlichen Landwirtschaft (AMAP) vorhanden ist und die man »Ko-Produktion« nennt. In diesen zwei Handelsprakti- ken haben der Verbraucher und der Hersteller nicht nur unabhängige und entgegengesetzte Interessen, die der Markt zur gleichen Zeit zu bedienen imstande ist, sondern jeder von ihnen hat Interesse daran, dem Vorteil des jeweils anderen zu dienen. Somit wird der Verbrau- cher zum Teil Hersteller und umgekehrt, der Hersteller wird zum Teil Verbraucher. Jeder greift in die Wahl des anderen ein. Der Verbrau- cher, der sich entscheidet, ein Produkt des Fair Trade-Handels zu kau- fen, macht dies im Hinblick auf seine eigenen Interessen, aber auch in Anbetracht der Bedürfnisse des Herstellers. Seine Konsumwahl ist nicht nur bestimmt durch seine individuellen Vorlieben und seine finanzielle Verfügbarkeit: Sie ist es auch, weil sie den kleinen Herstel- lern, die normalerweise vom internationalen Markt ausgeschlossen sind, die Möglichkeit gibt, in diesem einen Platz zu finden. Diese Geste kann als ein Akt der Großzügigkeit und des Altruismus inter- pretiert werden: Weil sie jedoch verbunden ist mit einer Wahl, die ebenso den individuellen Interessen des Verbrauchers dient, bringt sie vielmehr eine neue Art der Unabhängigkeit hervor als eine pure Großzügigkeit gegenüber dem Hersteller. Der Verbraucher greift durch seine Wahl in die Produktionsentscheidung ein, hierbei bevor- zugt er einige Hersteller (die aus dem klassischen System ausge- schlossenen sind) sowie eine gewisse Art zu produzieren (die die Ar- beitsrechte und die Umwelt respektiert) und garantiert damit dem Hersteller die Möglichkeit, von seiner Arbeit in Würde leben zu kön- nen. Jede Konsumwahl hat offensichtlich eine Auswirkung auf die Produktion – im Fair Trade-Handel jedoch ist dieser Effekt keine un- beabsichtigte Folge: Er greift als ein entscheidender Faktor ein. Der Verbraucher verbindet somit seine Nützlichkeit mit jener des Her- stellers. Auch der Hersteller wird seinerseits durch seine Produkti- onswahl eingreifen in das Interesse des Verbrauchers für Produkte, die gewissen materiellen, aber auch sozialen und ökologischen Quali- tätsnormen entsprechen. Diese Berücksichtigung des Verbraucher- interesses entspricht nicht nur einer Marketingmotivation, sondern – ebenso wie für den Verbraucher – einer stärkeren Form der Un- abhängigkeit. Jeder Akteur greift somit bewusst in die Wahl des an- deren ein. Durch den Handelsaustausch etabliert sich eine partner- schaftliche Beziehung anstatt Rivalität oder Konkurrenz. Die so aufgefasste Ko-Produktion kann daher als Brüderlichkeit bezeichnet werden, nicht nur im Sinne einer Sorge für den anderen auf Kosten des eigenen Vorteils, sondern im Sinne eines gegenseitig vorteilhaften Interesses. Die durch Bruni und Sugden identifizierte Brüderlichkeit in jeder Handelsbeziehung erlangt hier eine größere Dimension und Sichtbarkeit.

Im Falle der Verbrauchervereinigungen für die Beibehaltung der bäuerlichen Landwirtschaft (AMAP) wird die wechselseitige Abhängigkeit zwischen Verbraucher und Hersteller wichtiger und sichtbarer durch eine direkte Verbindung zwischen beiden. Auf der einen Seite greift der Verbraucher in die Produktionswahl ein: in die Auswahl der zu produzierenden Güter, ihre Vertriebsweise und die Festsetzung des Preises. Auf der anderen Seite greift der Hersteller in die Wahl des Verbrauchers ein und führt in den Warenkorb Produkte ein, die der Verbraucher nicht unbedingt kennt und die er niemals aus eigenen Stücken gekauft hätte. Die Ko-Produktion kann hier – mehr noch als im Fair Trade-Handel – als Brüderlichkeit angesehen werden. Denn die physische Begegnung zwischen Verbraucher und Hersteller, die beide oft die Zugehörigkeit zu einem gleichen Landstrich teilen, verleiht ihrem beiderseits vorteilhaften Interesse den Aspekt eines gemeinsamen Schicksals.

Diese durch die Ko-Produktion hervorgehobene Brüderlichkeit, die sowohl den Fair Trade-Handel als auch die Verbrauchervereinigungen für die Beibehaltung der bäuerlichen Landwirtschaft (AMAP) charakterisiert, zeigt, dass im Handelsaustausch der Vorteil des anderen dem meinen nicht immer unabhängig oder entgegengesetzt ist. Diese Brüderlichkeit lässt sich ohne Zweifel auch im klassischen Markt wiederfinden, aber die zwei Praktiken der solidarischen Ökonomie heben dies ganz eindeutig hervor. Die Solidarität zwischen Verbraucher und Hersteller erscheint fortan nicht als ein moralischer Akt, als ein Verzicht auf das eigene Interesse, um dem Nutzen des anderen zu dienen, sondern als ein essentieller Handelsakt, bei dem der Vorteil des anderen mit meinem konvergiert. Der solchermaßen aufgefasste Gebrauchswert räumt, entsprechend einer beiderseits vorteilhaften Nützlichkeit, der Brüderlichkeit einen Platz innerhalb des Handelsakts selbst ein.

2. Tauschwert: von der Gleichwertigkeit zur Identität

Wenn der Gebrauchswert bestimmt wird durch die konkrete Nützlichkeit des Guts, so wird der Tauschwert bestimmt durch den Marktpreis und demnach durch seine Fähigkeit, mit anderen Gütern ausgetauscht zu werden. Der Marktpreis in der klassischen Ökonomie ist das Ergebnis der Gegenüberstellung zwischen Angebot und Nachfrage. Der Anbieter versucht immer, zum höchsten Preis zu verkaufen, während der Suchende hingegen versucht, zum niedrigsten Preis einzukaufen. Ihre entgegengesetzten Bestrebungen führen somit zum Erhalt eines ausgeglichenen Preises, bei welchem das Angebot gleichwertig zur Nachfrage ist. Insofern der Marktpreis eines jeden Guts also geregelt ist durch Angebot und Nachfrage, bedeutet dies, dass der Tauschwert auf der Nützlichkeit basiert, die das Gut einem verschafft, und nicht auf den Charakteristika, die dem Gut eigen sind. Es handelt sich um einen »subjektiven« Wert, der gemäß den Bedürfnissen und Vorlieben des eventuellen Verbrauchers des Guts variiert. Diese Auffassung des Tauschwerts ist der als »objektiv« betrachteten entgegengesetzt, da diese unabhängig ist von der dem Gut durch den Verbraucher zugeschriebenen Nützlichkeit. Der objektive Wert der Güter wurde oft assoziiert mit der Menge der erforderlichen Arbeit, um das Gut herzustellen. Der »Arbeitswert« war die Grundlage der großen ökonomischen Theorien der »klassischen« Strömung des 18. Jahrhunderts, wurde jedoch in der Folge verworfen und ersetzt durch den »Nützlichkeitswert« in der heute vorrangigen »neoklassischen« Theorie.

Der Tauschwert misst also die Fähigkeit eines Guts, ausgetauscht zu werden mit anderen Gütern, und das Geld dient als Maßeinheit in diesem Austausch. Der mittels der Währung ausgedrückte Preis erlaubt somit einen Austausch zwischen Gütern verschiedener Natur, die jedoch den gleichen Tauschwert haben. Der Handelsaustausch ereignet sich somit im Sinne einer Gleichwertigkeit: Das Prinzip ist, dass man etwas gibt und etwas empfängt, was den gleichen Tauschwert hat. In einem auf diese Weise konzipierten Handelsverkehr sind die Akteure austauschbar, ihre Identität zählt nicht, es ist lediglich ihre Funktion als Einkäufer oder Verkäufer, die in Betracht gezogen wird. Was zählt, ist das ausgetauschte Gut, das durch seinen Marktpreis bewertet wird, und nicht durch die Person, die den Austausch vornimmt. Dieser anonyme Charakter des Markts markiert seine Stärke und ebenso seine Grenze: seine Stärke, weil der Markt den Austausch mit einer Vielzahl anderer Personen erlaubt, ohne die Notwendigkeit, diese zu kennen; seine Grenze, weil der Austausch infolgedessen reduziert erscheint auf eine rein instrumentelle Ebene. Jedoch ist dieser anonyme Charakter des Markts, der auf der Ebene der theoretischen Modelle stark vertreten ist, in der Realität viel weniger klar. Als ob durch den Handelsaustausch noch etwas anderes als der bloße Handelswert kursiert. Denn in diesem auf den ersten Blick einseitigen Transfer ohne verbundene Rückgabe ereignet sich, so behauptet J. Godbout in Bezug auf die Gabe, auch ein »Identitätstransfer«. Das, was angeboten wird, überträgt immer auch eine Nachricht über die Vorstellung, die der Geber vom Empfänger hat. Dieser durch das Objekt vermittelte Identitätstransfer kann in Verbindung gebracht werden mit dem »Sympathietransfer«, den Adam Smith in seinem ersten Buch über *Die Theorie der ethischen Gefühle* (*The Theory of Moral Sentiments*, 1759) hervorgehoben hat.[5] Dieses Werk wird im Allgemeinen nicht als ein Teil seiner ökonomischen Theorie betrachtet. Dennoch haben einige Autoren[6] gezeigt, wie sehr es eine wesentliche Schlüssellektüre ist zum Verständnis seines für die Ökonomie grundlegenden Essays *Untersuchung über Wesen und Ursachen des Reichtums der Völker* (*An Inquiry into the Nature and Causes of the Wealth of Nations*, 1776).[7] Der Smith'sche Mensch wird hier dargestellt als ein radikal unvollständiges Sein, welches den Anderen nötig hat, um sich zu identifizieren. Er sucht daher die Sympathie der anderen, um sich selbst zu definieren und um Zustimmung zu seiner Handlung zu bekommen. Die Sympathie erscheint demnach hier als eine *soziale*[8] Kraft und als eine *ethische* Kraft: denn durch sie konstituiert sich der soziale Zusammenhalt und die Wertegemeinschaft in einer Gesellschaft. Und die Ökonomie, gemeinhin gedacht als eine Anhäufung von Reichtum, wird als eine Art und Weise dargestellt, die Sympathie des Anderen anzuziehen. Nicht die direkte Nützlichkeit des Reichtums wird gesucht (sein Gebrauchswert), sondern seine Fähigkeit, die Anerkennung des Anderen auf sich zu ziehen – auch wenn diese Absicht weder explizit noch einem bewusst ist. Die Kraft *(opérateur)* der Sympathie zeigt gut, wie durch den Umlauf der Güter die Identitätssuche jedes Akteurs transportiert wird. Das, was man austauscht, sind nicht nur Güter und Dienstleis-

---

[5] Adam Smith, *Theorie der ethischen Gefühle*, übers. u. hrsg. v. Walther Eckstein, Hamburg 2004.
[6] Vgl. insbesondere Jean-Pierre Dupuy, *Le sacrifice et l'envie – Le libéralisme aux prises avec la justice sociale*, Paris 1992.
[7] Adam Smith, *Untersuchung über Wesen und Ursachen des Reichtums der Völker*, hrsg. von Erich W. Streissler, übers. v. Monika Streissler, Tübingen 2005.
[8] Hier und im Folgenden im Satz kursiv gesetzt vom Übersetzer.

tungen, sondern auch eine Identifizierung und gegenseitige Anerkennung.[9]

Die zwei oben erwähnten Praktiken der solidarischen Ökonomie erlauben uns gleichfalls, den Aspekt des Handelsaustauschs, der den Wert des Guts mit der Identität des Akteurs verbindet, zu veranschaulichen. Im Fair Trade-Handel ist der Wert des Guts nicht nur durch den Marktpreis bestimmt, sondern auch durch die Bedürfnisse des Herstellers. In diesem Sinne drückt der Tauschwert einen »subjektiven« Faktor aus, bestimmt durch die Vorlieben des Verbrauchers, sowie einen »objektiven« Faktor, bestimmt durch die Bedürfnisse der Produktion. Es handelt sich um eine Art Kombination des »Nützlichkeitswerts« (der Ökonomie des Markts eigen) und des »Arbeitswerts« (eher in Einklang mit einer Planwirtschaft). Jedoch setzt diese Einbeziehung des »Arbeitswerts« nicht nur voraus, die Produktionskosten zu beachten um den Verkaufspreis festzulegen, sondern darüber hinaus durch das Produkt hindurch die Lebens- und Arbeitsbedingungen des Herstellers zu vermitteln. Daher weist man auf den Produkten des Fair Trade-Handels nicht nur auf den Herkunftsort hin, sondern man »personalisiert« sie, in dem man manchmal einen der verbundenen Hersteller, seinen Namen, seine Familienzusammenstellung, die Genossenschaft, in der er arbeitet, die Eigenschaften seiner Kultur, etc. präsentiert. Das Produkt ist folglich ein Mittel durch das sein Hersteller »identifiziert« ist. Es gibt so dem Hersteller eine soziale Identität. Aber ebenso identifiziert das Produkt auch den Verbraucher. Dies ist insbesondere der Fall bei den Verbrauchern der »integralen« Reihe, die in den dem Fair Trade-Handel vorbehaltenen Läden einkaufen. Der Verbraucher verliert sich nicht in der Anonymität eines Supermarkts, sondern kauft an einem besonderen Ort ein, der den Vermarktungsprinzipen verbunden ist, die er selbst auch teilt und verteidigt. Der Tauschwert des Guts ist somit zusammengesetzt aus dem Marktwert des Guts und dem Faktor »Identität«, der sowohl dem Hersteller als auch dem Verbraucher Anerkennung verleiht und zwischen beiden gegenseitige Sympathie herstellt. Auch außerhalb des Fair Trade-Handels kann man diesen Faktor der »Identität« bei gewissen »Markenprodukten« wiederfinden. Jedoch handelt es sich in diesem Fall eher um eine Marke, die »differenziert«, als um eine Marke, die »verbindet«.

---

[9] Für eine weiterführende Analyse bzgl. der Ökonomie als Quelle der Identität vgl. Elena Lasida, *Le goût de l'autre*, Paris 2011, Kap. 7.

In den Verbrauchervereinigungen für die Beibehaltung der bäuerlichen Landwirtschaft (AMAP) findet man ebenfalls den Wert der ausgetauschten Güter, verbunden mit einem Faktor der Identifikation und der Anerkennung. Der Hersteller ist nicht nur auf der vom Verbraucher gekauften Verpackung des Produktes fotografiert, er ist auch körperlich anwesend an dem Ort der Verteilung. Der Warenkorb mit Früchten und Gemüse, die der Verbraucher bekommt, ist direkt verbunden mit seinem Hersteller: Das Erzeugnis bekommt das Gesicht und die Geschichte seines Herstellers. Darüber hinaus sind die Verbraucher der Verbrauchervereinigungen für die Beibehaltung der bäuerlichen Landwirtschaft (AMAP) immer eingeladen, dem Hersteller einen Besuch abzustatten, um seine Produktionsbedingungen besser kennenzulernen und ihm von Zeit zu Zeit zu helfen. Hier ist also ebenfalls der Tauschwert des Warenkorbs zusammengesetzt aus dem Marktpreis und der »Identität« des Herstellers. Der Verbraucher seinerseits ist ebenso identifiziert durch den empfangenen Warenkorb: er wird von den anderen Verbrauchern und vom Hersteller als jemand anerkannt, der durch seine Konsumwahl eine gewisse Lebenswahl trifft. Übrigens werden mit den Warenkörben oft auch Rezepte in Umlauf gebracht, um die erhaltenen Produkte zu kochen. Die Rezepte fügen dem Tauschwert des Produktes noch ein weiteres Element hinzu, das eher aus dem Bereich der Erfahrung und der Traditionen stammt als aus dem der Herstellungstechniken.

Im Fair Trade-Handel und in den Verbrauchervereinigungen für die Beibehaltung der bäuerlichen Landwirtschaft (AMAP) werden die ausgetauschten Güter nach dem Marktpreis bewertet, aber auch bezüglich der Identifikation, die sie dem Verbraucher und dem Hersteller geben. Der Austausch ist reguliert durch die Gleichwertigkeit (die dem Handelswert gleichkommt) und durch die Identität der Partner. Der Güteraustausch wird so eine Quelle der Anerkennung für die Austauschenden.

3. Verbindungswert: von der Gegenseitigkeit als gemeinsamer Zugehörigkeit

Der Gebrauchswert und der Tauschwert sind klassische Bezugspunkte in der Ökonomie. Dahingegen gehört der von J. Godbout vorgeschlagene Verbindungswert nicht dazu. Im Allgemeinen wird in der gewerblichen Wirtschaft diese Verbindung in der Form des Vertrages behandelt, der aus dem Kosten-Nutzen-Kalkül der beiden Parteien entsteht. Wir haben jedoch bereits gesehen, dass die Verbindung der Brüderlichkeit und jene der Sympathie immer auf der Ebene des Zwischen-individuellen *(inter-individuel)* angesiedelt sind. Jedoch kann durch den Austausch auch eine Verbindung auf kollektivem Niveau entstehen. Der von K. Polanyi eingeführte Begriff der »Gegenseitigkeit« geht ganz in diese Richtung.[10]

K. Polanyi unterscheidet drei Formen des Umlaufs in der Ökonomie: die Umverteilung, der Markt und die Gegenseitigkeit. Die Umverteilung ist charakterisiert durch eine zentrale Organisation des Güterumlaufs. Das klassische Bild hiervon ist jenes des Staats, der die Ressourcen über den Umweg der Steuern zusammenfasst und sie gemäß den sozialen Bedürfnissen neu verteilt. Die Umverteilung stimmt somit mit einer gewissen Logik des Umlaufs überein, die auf kollektiven, politischen Zielen basiert.

Gemäß K. Polanyi bildet der Markt eine Form des Umlaufs, die – im Gegensatz zur Umverteilung – mobilen, ökonomischen Individuen entspricht: jeder verteidigt sein spezielles Interesse. Es gibt kein »soziales Ganzes«, sondern nur eine Summe von individuellen Interessen. Der Markt vermittelt eine Form der Unabhängigkeit zwischen den Individuen, jedoch ist diese unabsichtlich und nicht erkannt. Die Gleichwertigkeit zwischen den ausgetauschten Gütern kann hier angewendet werden auf die Personen, die den Austausch durchführen. Im Sinne ihrer Ersetzbarkeit wird jeder der Austauschenden das gleichwertige Gegenstück des anderen. Die Gleichwertigkeit ist eine Verhaltensregel in der Logik des Marktes. Die sozialen, ökonomischen und kulturellen Unterschiede sind vorübergehend vergessen in diesem Markt, der die Austauschenden auf auswechselbare Gleichwertigkeiten reduziert.

Wie der Markt, so bildet auch die Gegenseitigkeit eine Art des dezentralisierten und zwischenindividuellen Umlaufs, jedoch auf einem anderen Austauschprinzip basierend: es ist nicht die Gleichwertigkeit der Güter und der Subjekte, die den Umlauf reguliert, sondern die Zugehörigkeitsverbindung zwischen jenen, die austauschen. Im Unterschied zum Markt ist die Gegenseitigkeit eine bilaterale Beziehung, die in einem »sozialen Ganzen« eingeschrieben ist, das die

---

[10] Karl Polanyi, »L'économie en tant que procès institutionnalisé«, in: *Economie primitives, archaïques et modernes. Essais de Karl Polanyi*, hrsg. v. Michele Cangiani u. Jérôme Marcourant, Paris 2007.

Individuen in Bezug auf ihre Komplementarität und ihre gewollte gegenseitige Abhängigkeit begreift. Die Individuen sind weder ersetzbar noch reduzierbar auf ihre Funktion als Verkäufer oder Käufer, sondern durch einen Status und einen sozialen Platz identifizierbar. Das typische Beispiel der Gegenseitigkeit, das Polanyi gibt, ist jenes des durch die verwandtschaftlichen Beziehungen in den primitiven Gesellschaften bestimmten Umlaufs. Das Kollektiv nimmt hier die Form einer sozialen Gesamtheit an, die durch zwischenindividuelle Beziehungen gebildet wird, obgleich sie diese überschreiten. Die Gegenseitigkeit unterscheidet sich somit vom Markt, weil sie sich nicht auf die bilaterale Beziehung zwischen den austauschenden Personen reduziert, sondern sich einschreibt in eine Totalität, die als solche gedacht wird.

Die auf diese Weise aufgefasste Gegenseitigkeit kann der Gabe, so wie sie von J. Godbout dargestellt ist, angenähert werden – insbesondere einem der Elemente, die die Gabe gemäß Godbout charakterisieren: Er behauptet, dass die Gabe eine Art von »endogenem Dritten« hervorbringt. Jener, der gibt, fühlt sich im Allgemeinen getragen von etwas, das von etwas Tieferem kommt als er selbst, und gleichzeitig von etwas, das von außen kommt. Er ist folglich wie ein Mittler zwischen dem Empfänger und dem »Dritten«, das von außen kommt. Dieses Dritte ist nicht eine objektive, von außen auferlegte Norm, sondern eine Art »Gnade«, die ausgeht von der Gabe selbst. Die Gabe ist eine den Partnern immanente »Zugehörigkeitsstruktur«. Das Dritte der Gabe ist das, zu welchem Geber und Empfänger zugehörig sind, das, was sie hervorbringen durch die Gaben: eine permanente Überschreitung, ein Überschuss an Leben. Diese Annäherung zwischen Gegenseitigkeit und Gabe macht den geschaffenen Verbindungswert noch offensichtlicher: Es handelt sich nicht bloß um eine »Gabe versus Gegengabe«, sondern um die Erschaffung einer gemeinsamen Zugehörigkeit, die über die Personen, die austauschen, hinausgeht.

Dieses Prinzip der Gegenseitigkeit, das die ausgetauschten Güter nicht im Sinne einer Gleichwertigkeit einstuft, sondern hinsichtlich einer Zugehörigkeit zu einem sozialen Ganzen, kann in den zwei schon erwähnten Praktiken der solidarischen Ökonomie entdeckt werden. In der Tat benutzt J.-M. Servet das Prinzip der Gegenseitigkeit von K. Polanyi als Basis für eine Definition der solidarischen Ökonomie.[11] Er betont damit, dass die positiven Diskriminierungen

---

[11] J.-M. Servet, »Le principe de réciprocité chez Karl Polanyi – Contribution à une

bezüglich der Preise, wie man sie zum Beispiel im Fair Trade-Handel findet, weder reiner Großzügigkeit entsprechen noch der Sorge um Schutz, die die Umverteilung charakterisiert. Vielmehr wird, dem Prinzip der Gegenseitigkeit folgend, jeder entsprechend seinen Fähigkeiten und seinem Platz im sozialen Ganzen entlohnt. Wenn man ihm also einen gegenüber dem Marktwert erhöhten Preis zahlt, so geschieht dies, weil man den Hersteller nicht nur unter Berücksichtigung seiner Produktion bezahlt, sondern auch hinsichtlich des Platzes, den man ihm in der Weltwirtschaft einräumen will. Das Kriterium der Aufwertung ist nicht nur auf den Handel beschränkt. Man wertet gleichfalls auch den Platz des Herstellers im Welthandel auf. Durch den Fair Trade-Handel finden sich der Verbraucher und der Hersteller in einer komplementären Situation, einer absichtlichen gegenseitigen Abhängigkeit wieder. Im Gegensatz zum Markt, wo sie gleichwertig und ersetzbar sind, erkennen sich die Partner hier als unterschieden und sich gegenseitig ergänzend an. Jeder ist einzigartig und von den anderen abhängig. Der Austausch etabliert und bewertet sich unter Berücksichtigung der Singularität jedes Einzelnen sowie seinem Platz im Ganzen. Der Umlauf der Güter, der dem Fair Trade-Handel eigen ist, entspricht somit dem Prinzip der Gegenseitigkeit, bei der die Zugehörigkeit wichtiger ist als die Gleichwertigkeit, und die Komplementarität wichtiger als die Unabhängigkeit.

Dieses Prinzip der Gegenseitigkeit wird noch offensichtlicher in den Verbrauchervereinigungen für die Beibehaltung der bäuerlichen Landwirtschaft (AMAP), wo die direkte Begegnung zwischen Verbraucher und Hersteller eine noch sichtbarere gemeinsame Zugehörigkeit schafft als jene des »gewinnbringenden« Preises des Fair Trade-Handels. Der geschäftliche Austausch bildet infolgedessen eine territoriale Identität. Die wöchentliche Begegnung am Ort der Ausgabe erlaubt den Einwohnern eines gleichen Viertels oder Stadt Bekanntschaft zu schließen, hierdurch gesellige Zusammenkünfte zu organisieren und in der Folge andere gemeinsame Projekte auf die Beine zu stellen. Mittels einer nationalen Webseite, die den Umlauf von Informationen und ihre Ausweitung erlaubt, baut sich diese Verbindung auch zwischen den verschiedenen Verbrauchervereinigungen für die Beibehaltung der bäuerlichen Landwirtschaft (AMAP) des Landes auf. Ebenso erlaubt die Webseite, die nächste Verbraucher-

définition de l'économie solidaire«, in: *Tiers Monde*, Nr. 190, April-Juni 2007, 255–273.

vereinigung für die Beibehaltung der bäuerlichen Landwirtschaft (AMAP) in der Umgebung zu finden sowie auch eine solche zu schaffen, oft in Verbindung mit Bruthennen, die die Ansiedlung von Gemüseproduzenten begleiten. Die gemeinsame Zugehörigkeit ist demnach eine zusätzliche Wertquelle zu dem Handelswert der ausgetauschten Güter, und zugleich dient sie der Bildung neuer Märkte.

Der ökonomische Wert erscheint demnach ganz und gar verwoben mit dem sozialen Wert. Jedoch scheint ein anderer Aspekt ebenfalls mit der durch den Handelsaustausch geschaffenen Beziehung verbunden zu sein: ein *politischer*[12] Wert. Im Falle des Fair Trade-Handels wie auch der Verbrauchervereinigungen für die Beibehaltung der bäuerlichen Landwirtschaft (AMAP) wird die Wahl des Verbrauchs zu einer politischen Wahl, in dem Sinn, dass sie nicht nur dem individuellen Interesse des Verbrauchers nutzt, sondern auch einem kollektiven Interesse. Durch den Akt seines Konsums trifft der Verbraucher eine gesellschaftliche Wahl. Er wird, wie man oft sagt, »Verbraucher-Akteur«[13]. Mit anderen Worten, der Konsum wird ein bürgerlicher Akt, d.h. eine Art und Weise, an dem Leben der Stadt-Gemeinschaft teilzunehmen, ebenso lokal wie weltweit.

K. Polanyi unterscheidet indessen sehr wohl zwischen der Logik des Markts und jener der Gegenseitigkeit, die gemäß J. Godbout mit der Gabe assoziiert werden kann. Dennoch zeigen die beiden erwähnten Beispiele solidarischer Ökonomie, dass Markt und Gegenseitigkeit, oder Markt und Gabe, sich über eine gemeinsame Logik ausdrücken können. Die Gabe erscheint somit nicht als eine außerökonomische Handlung, sondern sie nimmt eine feste Gestalt innerhalb des ökonomischen Akts selbst an.

Durch diesen Ansatz des Gebrauchswerts, des Tauschwerts und des Verbindungswerts, veranschaulicht durch den Fair Trade-Handel und die Verbrauchervereinigungen für die Beibehaltung der bäuerlichen Landwirtschaft (AMAP), haben wir im Inneren der Handelslogik etwas anderes entdeckt als einzig den individuellen Vorteil und das Kalkül. Die Entdeckung eines gegenseitig nützlichen Vorteils lässt die Brüderlichkeit zum Vorschein kommen. Die Anerkennung der singulären Identität jedes Handelnden räumt der Sympathie Platz

---

[12] Kursiv gesetzt vom Übers.
[13] Unübersetzbares Wortspiel im franz. Original: »consomm'acteur« als Verbindung von »consommateur« (Verbraucher) und »acteur« (Akteur, Handelnder) (Anm. d. Übers.).

ein. Die Gegenseitigkeit, gedacht in Bezügen der gemeinsamen Zugehörigkeit, hat die Gabe eingeführt. Auf diese Weise nimmt die Unentgeltlichkeit ihren Platz ein im Rahmen der Handelslogik. Es handelt sich nicht darum, die Ökonomie zu moralisieren, sondern ihr ihre zwischenmenschliche Natur wiederzugeben.

Aus dem Französischen von Silvia Richter

Philosophie und Politikwissenschaft

Jean-Luc Marion

Gabe und Vaterschaft

1. Die Gabe auf die Gegebenheit reduzieren

Aber kann die Gabe so verstanden werden, wie sie sich gibt und aus-sagt, nämlich als Gabe, ohne dass sie sich letzten Endes der ökonomi-schen Vernunft ergibt oder sich in das Phantom einer leeren Unent-geltlichkeit verflüchtigt? Ein solches Verständnis würde zumindest erfordern, die Gabe vor jener Logik zu bewahren, welche von ihr zwar verlangt zu geben, aber nicht das zu geben, was sie zu geben vorgibt, sondern *Gründe* zu geben für das Geben oder vielmehr für das *Nicht-*Geben. Anders gefragt, wie kann man die Gabe davor bewahren, dass sie sich zwangsläufig einer Vernunft ergibt, welche sie nur ermög-licht, indem sie sie aufhebt?

Nun wird die Gabe in der Ökonomie undenkbar, weil diese sie stets als eine Zug-um-Zug-Leistung verstehen muss, als einen Ga-bentausch, bei dem sich die erste Gabe in der zweiten Gabe wieder-findet, die ihr im Gegenzug zukommt, und dieses Zurückkommen der zweiten Gabe als Einkommen der anfänglichen Gabe verbucht wird *(do ut des)*. Paradoxerweise geht die Gabe hier verloren, weil es ihr nicht gelingt, ihrer selbst verlustig zu gehen und mit Verlust zu ge-ben: Sie geht verloren, weil sie die Freiheit verloren hat, sich zu ver-lieren. Wie also die Gabe als solche begreifen, als verlorene, ihrer selbst verlustige Gabe, als Verlust ohne Ausgleich, aber doch auch nicht ohne jeden verstehbaren Sinn, nicht ganz ohne Sinn und Ver-stand, nicht ganz ohne Grund, aber wie er der Gabe eigen ist? Es ver-steht sich von selbst, dass wir diesen Grund der Gabe so lange nicht finden werden, wie wir ihn im Tausch suchen und im Horizont der Ökonomie beschreiben. Wir werden ihn nur dann finden können, wenn wir die Gabe nicht länger als einen latenten Tausch behandeln, der nach der Logik der Ökonomie zu verstehen wäre, sei es als ein Tausch, der von sich selbst nichts weiß, sei es als ein Tausch, der an-scheinend nichts kostet (vorausgesetzt, dass es sich dabei nicht um eine *contradictio in adiecto* handelt); nur dann also, wenn es uns gelingt, die Gabe als solche zu denken, irreduzibel auf den Tausch und die Ökonomie. Wenn die Gabe aber nicht den Regeln der Ökonomie untersteht – noch nicht einmal als Ausnahme (die ja diese Regeln wiederum nur bestätigte) –, dann müssten wir die Gabe denken können im Ausgang von dem, was der Tausch gerade verbietet, nämlich Überschuss und Verlust (was beides dasselbe ist). Aber wir werden dem Überschuss und dem Verlust, also der Gabe als solcher, nur gerecht werden können, wenn wir den Horizont des Tausches und der Ökonomie hinter uns lassen; aber gibt es überhaupt noch einen anderen und wie wäre er auszumachen? Dieser andere Horizont könnte – sollte es ohne Illusion oder Willkür möglich sein – nur von der Gabe selbst aus entdeckt werden, oder vielmehr von dem Punkt aus, wo sie sich kurz zur Phänomenalität erhebt, um gleich darauf wieder in den Tausch zusammenzufallen, während des flüchtigen Augenblicks also, wo ihre drei Momente sich noch nicht der ökonomischen Vernunft und ihren zureichenden Gründen ergeben. Diesen anderen Horizont werden wir also nur dadurch in den Blick bekommen, dass wir das Phänomen der Gabe nicht in den Sog und Strudel des Tausches stürzen lassen, sondern die Gabe bei sich selbst belassen, d. h. sie auf die Gegebenheit in ihr reduzieren: Wir reduzieren die Gabe auf sich selbst, also auf die Gegebenheit – ihren eigenen Horizont. Als Horizont öffnet sich die Gegebenheit nur in dem Maße, in dem wir die Gabe darauf reduzieren, und dies in dem doppelten Sinn, dass wir die Gabe darauf zurückführen und dadurch zugleich einer phänomenologischen Reduktion unterwerfen.

Doch versteht sich die Gegebenheit nicht von selbst; ja, sie scheint sogar noch weniger zugänglich zu sein als die Gabe, denn sie geht ihr in jedem Fall voraus. Wir können aber annehmen, dass sich die Gegebenheit, wenn sie einen Horizont für die Gabe eröffnen soll, zumindest nicht dadurch bezeugen wird, dass sie diese unmittelbar einem sozialen Geschehen oder einem ethischen Verhalten zuordnet (obwohl auch dies ihr möglich ist), sondern indem sie die Gabe so zur Erscheinung kommen lässt, dass diese nicht genötigt ist, sich im Tausch aufzulösen. Um zu erscheinen, müsste sich die auf die Gegebenheit reduzierte Gabe einfach nur ganz geben, nicht mehr und nicht weniger – ohne für sich selbst Rechenschaft ablegen und ohne über eine Investitionsrendite – wie gering auch immer – auf ein Einkommen zurückkommen zu müssen. In der Konsequenz bedeutet dies, dass man die Gabe zu beschreiben hat, ohne die Geschäftsbedingungen des Tausches wiederherzustellen, d.h. ohne auf die *Terms of Trade* zurückzugreifen, die die Minimalbedingungen des Tausches ausmachen. Denn wenn der Geber gäbe, ohne einen sich erkenntlich zeigenden Empfänger zu erreichen, oder wenn der Empfänger empfinge, ohne sich irgendeinem Geber dafür dankbar erweisen zu müssen, oder wenn gar der Geber und der Empfänger untereinander überhaupt keine gegebene Sache austauschten, dann wäre jedes Mal eine der Möglichkeitsbedingungen des Tausches nicht erfüllt – und erfüllen könnte sich die Gabe ganz als Gabe. Wir wollen uns nun an dieser dreifachen Beschreibung einer von allen Tauschbegriffen befreiten Gabe versuchen.

Erstens kann sich eine Gabe als Gabe erfüllen ohne irgendeinen Geber, dem sie (tatsächlich oder symbolisch) erstattet würde, weil die Gabe zu ihrer Erfüllung überhaupt keinen Geber braucht. – Um das einzusehen, muss man nur den hypothetischen Fall einer Gabe betrachten, die man von einem anonymen oder sogar inexistenten Geber empfangen hätte. Diese beiden Charakteristika fallen übrigens bei einer Erbschaft exakt zusammen, wo der Tod den Geber hinwegrafft und es unmöglich macht, diesem noch irgendetwas zurückzugeben. Ja, ich werde ihm *per definitionem* umso weniger zurückgeben können, als diese Unmöglichkeit gerade die Bedingung ist für die Gabe, die mir zuteil wird: denn ein Testament wird erst gültig, wenn der Vermächtnisgeber stirbt, und erst dann, wenn also niemand mehr da ist, dem ich dafür danken könnte, werde ich empfangen können, was er mir gibt. Der Vermächtnisgeber wird von mir keine Anerkennung (und auch keine Anerkenntnis meiner Schuld) erhalten, da er ja gar nicht mehr da sein wird, um sich ihrer zu erfreuen; und wenn ich meine Dankbarkeit ihm gegenüber bezeuge, so wird dies vor den Augen jener geschehen, die ihn gekannt haben, deren Gruppe er aber eben nicht mehr angehört. Es könnte sogar sein, dass ich die Gabe dieser Erbschaft empfange, ohne dass der Erblasser es gewollt hat, oder sogar, obwohl er es nicht gewollt hat, weil er mir (oder ich ihm) vielleicht bis dato völlig unbekannt geblieben wäre und nur eine genealogische Nachforschung seinen Notar bis zu mir geführt hätte. In all diesen Fällen fehlt der Geber, gibt es weder Anerkennung noch Erstattung – und dennoch erfüllt sich die Gabe vollkommen. Die Gabe erscheint also in Gänze, wenn auch unerwartet, unverdient und unbezahlt, ohne Anerkennung oder Rückgabe. Vielmehr findet die Gabe zur Fülle ihres Sinns gerade in dieser Absichtslosigkeit, in diesem Mangel an Motiven, in diesem Irrtum der Vernunft, der hier die zureichenden Gründe fehlen.

Zweitens kann sich die Gabe als Gabe erfüllen ohne irgendeinen Empfänger. – Müsste man, um diese These zu stützen, nicht lediglich das Argument von der Anonymität wieder aufgreifen und es in diesem Fall auf den Empfänger anwenden? In der Tat, wenn wir für eine »humanitäre« Organisation einen Beitrag leisten, kennen wir in der überwiegenden Mehrzahl der Fälle nicht den einzelnen Menschen, der von unserer Hilfe profitieren wird; die Organisation ver- und übermittelt unsere Gabe, so dass ich für einen Empfänger anonym bleibe, der es wiederum auch für mich ist; die Gabe findet wirklich statt, aber ohne dass sich der Empfänger zu erkennen gibt, so dass er mir *per definitionem* niemals irgendetwas wird zurückgeben können. Dennoch könnte man über das Argument der Anonymität streiten und die Auffassung vertreten, dass es sich hier in letzter Instanz nicht um eine Gabe handele, weil die Hilfsorganisation (der Vermittler), auch wenn sie ihre Arbeit gewissenhaft macht (die Spenden verteilt und ihre Hilfe effizient einsetzt), gerade das Geben dadurch verweigert, dass sie die Adressaten ihrer Hilfe anonymisiert und in der breiten Masse der Geförderten inkognito auf- oder untergehen lässt. Wir haben oben schon gesehen, dass es sich hier mehr um Solidarität oder um eine Rechtspflicht handelt als um eine Gabe. – Aber es gibt noch einen anderen Fall, wo sich eine Gabe vollkommen erfüllt und auch der Empfänger eindeutig zu identifizieren ist, aber nicht die geringste Chance besteht, dass er sie bezahlen und so die Gabe in einen Tausch verwandeln könnte: Das ist der Fall, wenn ich einem Feind gebe. Nehmen wir also einen Feind an – wobei es keine Rolle spielt, ob es sich um einen persönlichen oder öffentlichen Feind handelt, da ja in jedem Fall der Hass, den er mir entgegenbringt, dafür sorgen wird, dass er meine Gabe in eine Beleidigung verkehren und alles, was ich an Großzügigkeit für mich in Anspruch nehmen mag, als zusätzliche Demütigung auffassen wird. Nicht nur wird er mir keine andere Gabe geben im Tausch mit der meinigen, nicht nur wird er sogar abstreiten, dass es sich bei dieser überhaupt um eine Gabe handelt, sondern er wird seinen Hass gegen mich nur noch größer werden lassen: Er wird es mir mit gleicher Münze heimzahlen, indem er die Schuld mit Zins und Zinseszins auf mich zurückfallen lässt – ich werde seinen Hass umso mehr verdienen, als es meine Absicht gewesen ist, ihn von meinem Reichtum profitieren zu lassen, ihn von meiner Fürsorge abhängig zu machen und mit meiner Großzügigkeit zu beschämen, usw.[1] Er wird sich also an mir rächen, um sich nicht im Geringsten erkenntlich zeigen zu müssen: Eher wird er mich töten als anerkennen, dass er mir Anerkennung schuldet. Doch wird meine Gabe dadurch beschädigt? Ganz und gar nicht, denn auch eine verachtete und zurückgewiesene Gabe, mag sie sogar in eine Beleidigung verkehrt worden sein, ist nichtsdestoweniger vollkommen gegeben worden und bleibt es ein für alle Mal.[2] Und gerade das, was ihr hier vorenthalten bleibt, lässt die Gabe in einer noch größeren Souveränität erscheinen, ist sie hier doch von aller Wechselseitigkeit befreit. Daraus resultiert ein prinzipielles Paradox: Wenn ich nur meinem Feind geben kann, ohne fürchten zu müssen, dass diese Gabe wieder der Reziprozität in die Falle geht und sich im Kreislauf des Tausches verfangen findet, dann ist es einzig und allein mein Feind, der meine Gabe ehrt und bewahrt, indem er ihr Gewähr leistet, nicht in ein *do, ut des* zurückzufallen. *Mein Feind erscheint als der beste Freund meiner Gabe.* Wer seinem Feind gibt, gibt also ohne Gegengabe, ohne zurückkommendes Einkommen und ohne zureichenden Grund – er gibt ohne Zweifel. Und aus diesem Grund gewinnt nur derjenige, der seinem Feind gibt, das Hundertfache: zwar keine weitere Gabe, keine Rück-Gabe, aber die Reduktion seiner Gabe auf die Gegebenheit selbst.

Drittens kann sich die Gabe als Gabe erfüllen, ohne irgendein Objekt zu geben, das mit einem Preis versehen und als Tauschwert verrechnet werden könnte. – Was könnte ich denn auch Wertvolleres geben? Wohl nichts als meine Aufmerksamkeit, meine Sorgfalt, meine Zeit, mein Vertrauen oder gar mein Leben; und letztlich erwartet der Andere auch nicht weniger von mir und kann auch nicht mehr von mir erhoffen. Und ich auch nicht von ihm. Denn indem ich diese gegenstandslosen und nicht zu vergegenständlichenden Gaben gebe, die sich als solche dem Verständnis wie dem Besitz entziehen, gar

---

[1] »Komm, Cinna, laß uns Freunde sein, ich wünsch' es. / Du warst mein Freund, ich schenkte dir das Leben, / Und deinem schlimmen Plan zum Trotz schenk' ich's / Aufs Neue dir, der du mich morden wolltest. / Beginnen wir den Wettstreit, laß uns zeigen, / Wer mehr zu geben, zu empfangen weiß; / Du lohnst mein Wohlthun mit Verrath, doch ich / Verdopple es, dich damit zu bewältigen«. (Corneille, *Cinna ou la clémence d'Auguste*, V, 3, v. 1701–1708; dt. Übersetzung aus: Cinna oder die Milde des Augustus, Leipzig 1890, 7. Kapitel, 5. Aufzug, Dritter Auftritt.). Freilich, Cinna wird die Gabe erhalten, wie sie sich gibt – aber wir befinden uns dort in der Welt von Corneille, nicht hier, in der unseren.
[2] Vgl. P.-M. Hasse, »La connaissance du don de Dieu«, in: *Nova et Vetera* 3 (1979).

keinen sicheren Gewinn oder bezifferbaren Ertrag einbringen und also wirklich *Nichts* bringen (nichts Reales – *ne rien* – *ne rem*), gebe ich mich faktisch selbst in meiner ganzen Ipseität. Mit diesem *Nichts* gebe ich alles, was ich habe, weil ich keine Sache gebe, die ich als mein Eigen hätte, sondern gerade gebe, was ich bin. Daraus resultiert dieses weitere Paradox, dass ich (mich) nämlich umso mehr gebe, als ich nichts gebe – nichts, was als gegebene Gabe in einem Substrat oder realen Prädikat eingeschlossen ist. Nun gebe ich jenseits von Haben und Nicht-Haben, außerhalb des Horizontes der Gegenständlichkeit (es sei, was es wolle) und einer Vernunft, die ihre Rechnung macht, indem sie rechtfertigende Gründe gibt. – Man wende nicht ein, dass ich dadurch, dass ich keinen Gegenstand gebe, weniger gebe oder gar ganz darauf verzichte, tatsächlich und ernstlich zu geben, denn – und der Einwand wendet sich nun gegen sich selbst – ich verzichte vielmehr dann darauf, wirklich zu geben, d. h. *mich* zu geben, mich selbst und als Person, wenn ich mich damit begnüge, ein bedingtes Ding (es mag riesig sein und bleibt doch immer endlich) statt meiner selbst zu geben. So gebe ich Geld, wenn ich meine Zeit und Aufmerksamkeit nicht verschenken will. Ich überweise eine Rente, um nicht lieben zu müssen und meine Freiheit wiederzuerlangen. Und was passiert, wenn ich zum Beispiel ein Schmuckstück (und sei es noch so schön) einer Frau gebe? Zwei Möglichkeiten: Entweder gebe ich ihr nur diesen Gegenstand, aber um ihr damit (zur Begleichung aller Forderungen) auch zu verstehen zu geben, dass ich sie verlasse oder nicht wirklich liebe. Oder ich gebe ihr den Schmuck zum Zeichen dafür, dass ich sie ohne Wenn und Aber liebe, als schlichtes Symbol jener wahrhaftigen Gabe, die nicht zu vergegenständlichen ist und unschätzbar bleibt – der Gabe meiner Zeit, meiner Aufmerksamkeit, meines Vertrauens, meines Leben, kurz: meiner selbst. Gabe, die ich noch nur symbolisch geben kann, da ich alle Zeit meines Lebens brauchen werde, um sie in Wahrheit zu vollenden.[3] Um zusammenzufassen: Entweder bleibt der gegebene Gegenstand isoliert und bedeutet so die Verweigerung der gänzlichen Gabe (seiner selbst) oder aber er zeigt sich nur als Zeichen und bedeutet so das Versprechen der gänzlichen Gabe (seiner selbst), die noch immer unvollendet ist. – Jede gegebene Gabe muss irreal, gegenstandslos, d. h. ungegenständlich und unschätzbar werden und dies umso mehr, je mehr Tatsächlichkeit sie

---

[3] Siehe dazu unsere Analyse in *De surcroît. Etudes sur les phénomènes saturés*, Paris 2001, Kap. 5.

impliziert. Die Gabe ist umso vollkommener, je weniger sachhaltig sie ist.

Daher kann die Gabe in ihren drei Bestimmungsmomenten auf die Gegebenheit in ihr reduziert werden. Sie gelangt zu umso freierer Entfaltung, je mehr sie auf einen der Tauschbegriffe verzichten kann und sie sich von dem loslöst, wozu sie die Ökonomie zu degradieren vorgab – nämlich jedes Mal zur Reziprozität eines *do, ut des*. Die Gabe gibt sich umso vollkommener, als sie weder den Geber kennt, den das Bewusstsein seines guten Gewissens entlohnt, noch den Empfänger, der von seinem schlechten Gewissen und jeglichem Schuldbewusstsein befreit wird, noch das Gegebene, dessen Tauschwert für ein Geschäftsbewusstsein wiederverwertbar wird. Die Gabe reduziert sich auf die Gegebenheit, indem sie sich ohne irgendein Gabebewusstsein erfüllt, ohne jenes die Reziprozität verdoppelnde Selbstbewusstsein, dessen Vernunft für die Gabe Gründe bräuchte und sie Rechenschaft ablegen ließe zur Rechtfertigung ihrer Bilanz. Die auf die Gegebenheit reduzierte Gabe hat kein Bewusstsein von dem, was sie tut. Nicht fehlen ihr die Hände, es zu tun, doch weiß die rechte nicht, was die linke tut – und nur unter dieser Bedingung tut sie es.

2. Die Gabe, die der Fall ist – die Vaterschaft

Aber auch dieses Ergebnis kann noch Sorgen bereiten: Denn ist damit nicht zu viel zu schnell bewiesen worden, handelt es sich überhaupt um ein vernünftiges Argument oder bloß um eine polemische Replik? Ist jenseits der vermiedenen Reziprozität des Tausches die Einklammerung eines jeden einzelnen Tauschbegriffes nicht mit dem völligen Verschwinden des faktischen Geschehens der Gabe erkauft? Zieht die Suspension der Tauschlogik mit ihrer Vernunft des zureichenden Grundes nicht auch die gänzliche Annullierung aller Rationalität sowohl der Gabe selbst als auch ihrer Tatsächlichkeit nach sich? Denn schließlich läuft es auf einen vollkommenen Widerspruch hinaus: Statt sich über seine Beziehung zum Empfänger zu definieren, gäbe der Geber umso besser und umso mehr, je mehr er aus den Augen des Begünstigten verschwände (in das Inkognito der Anonymität oder das Jenseits des Todes); der Empfänger seinerseits käme, statt sich durch die Anerkenntnis seiner Verbindlichkeiten zu manifestieren, umso besser zur Erscheinung, je mehr er (aus persönlicher Unbekanntheit oder Feindschaft) seine Schuld leugnete; und auch das

Gegebene käme, statt in einem konkreten Gegenstand offenkundig zu werden, umso besser zur Erscheinung, je mehr es sich (als bloßes Zeichen) in das Irreale oder Symbolische verflüchtigte. Wir wollten die Gabe im reinen Licht ihrer bloßen Gegebenheit aufklären – aber haben wir nicht vielmehr für die Auflösung ihrer Phänomenalität gesorgt? Ist es nicht gerade ihre vorgebliche phänomenologische Reduktion auf die Gegebenheit, die der Gabe schließlich sogar den Rang eines Phänomens versagt?

Dieser Schwierigkeit kann man nicht ausweichen, aber man darf sie auch nicht überschätzen, da sie im Wesentlichen von einem falschen Ausgangspunkt der Fragestellung herrührt. Unsere Untersuchung über die Gabe nahm ihren Ausgang bei deren Gegenteil, dem Tausch, und ein angemessener Zugang zu ihr konnte erst dadurch gefunden werden, dass dasjenige ausgeschlossen wurde, was der Gabe im Wege stand, nämlich die Reziprozität. Im Ausgang von der Perspektive der Ökonomie, im Durchgang durch die Trümmer des Tausches laufen wir immer noch Gefahr, uns in dem zu verfangen, wovon wir uns gerade mit aller Kraft zu befreien suchen. Wir müssten daher versuchen, ein Phänomen vom Typus der Gabe nicht mehr *a contrario* zu beschreiben, sondern direkt und von ihm selbst her, wie es nun aber von vornherein in den Horizont der Gegebenheit einbeschrieben ist, und ohne dass es jemals wieder in den Horizont der Ökonomie zurückgenommen werden könnte – eine Gabe, die immer schon auf die Gegebenheit reduziert ist, die nicht in die Ökonomie abzustürzen droht, die frei geboren ist und nicht abhängig von einem zureichenden Vernunftgrund. Eine auf die Gegebenheit *von Natur aus reduzierte* Gabe also – ein Ausnahmefall, wo die Schwierigkeit nicht darin besteht, die natürliche Einstellung um der Reduktion willen hinter sich zu lassen (um mit Husserl zu sprechen), sondern wo es darum ginge, vor einem immer schon (von Natur aus) reduzierten Phänomen sozusagen dasjenige zu rekonstituieren, von dem her das Phänomen sich reduziert findet. Welches Phänomen könnte diesen auf den Kopf gestellten Kriterien genügen, nämlich *nur als immer schon reduziertes* Phänomen zu erscheinen? Unser Vorschlag: die *Vaterschaft*.

Unbestreitbar handelt es sich hier um ein Phänomen, da es ja überall dort zur Erscheinung kommt, wo ein Mensch am Leben ist; zudem um ein kontinuierlich zu beobachtendes Phänomen, da es sich ja über die gesamte Spanne eines jeden Lebens erstreckt; und schließlich um ein unleugbares Phänomen, da ja kein menschliches Wesen abstreiten kann, es erfahren zu haben. Niemand kann nämlich das Phänomen der Vaterschaft leugnen, auch und gerade derjenige nicht, der sich selbst vielleicht als vater- oder kinderlos wahrnimmt, da das Phänomen, wie wir noch sehen werden, sich vor allem in einem solchen Fehlen zeigt. Denn vorausgesetzt, dass man sie nicht wieder gleich auf einen bloßen Tausch reduziert, entfaltet sich die Vaterschaft niemals als bloß biologischer Prozess der Zeugung und Fortpflanzung, auch nicht als eine elementare materielle Interessengemeinschaft und ebenso wenig als kleinste politische Einheit; vermutlich fällt das Phänomen der Vaterschaft auch unter all diese Kategorien, aber immer erst im Nachhinein, wenn sie nämlich schon in das Raster des ökonomischen Verständnismodells einsortiert, in Tauschbegriffe übersetzt und als erste Stufe eingeordnet ist auf der Skala immer komplexer werdender Gemeinschaften, deren Reihe, im Prinzip, schließlich bis zum Staat führt. Aber so mächtig und geläufig diese Auffassung auch sein mag: sie gehört noch zur Metaphysik; und vor allem verschleiert sie die Charakteristika dieser Gabe, so wie sie im Horizont der Gegebenheit erscheint.

Erstens: wie jedes Phänomen erscheint die Vaterschaft, insofern sie sich gibt; aber im Unterschied zu den meisten anderen Phänomenen gibt sie *sich* primär, *insofern sie gibt.*[4] Die Vaterschaft weist alle Kennzeichen des gegebenen Phänomens auf, dekliniert diese jedoch nicht nur am Gegebenen durch, sondern als Gebendes; denn wenn die Vaterschaft nicht gäbe, gäbe sie auch nicht mehr sich als ein sich zeigendes Phänomen. Sie gibt also, aber auf eine ganz eigene und bemerkenswerte Art und Weise. – Tatsächlich gibt sie, doch *ohne sich vorhersehen zu können*; denn die Zeugungsabsicht ist ebenso wenig hinreichend, um sich fortzupflanzen, wie auch die bloße Absicht, sich nicht fortzupflanzen, nicht schon dagegen immunisiert, Nachkommen zu zeugen. – Die Vaterschaft gibt, doch *ohne Warum*, ohne zureichenden Grund, ohne eine unmissverständlich anzuführende Ursache: die demographische Forschung ist weder in der Lage, die Entwicklungen der Fruchtbarkeitskurve zu berechnen, noch langfristig die Zu- oder Abnahme der Bevölkerungszahlen zu prognostizieren, so dass sie sich mit der Betrachtung nicht zu quantifizierender

---

[4] Die Vaterschaft gibt *sich* nur, insofern sie gibt. Sie bestätigt im Umkehrschluss die Definition des Hingegeben-Begabten *(adonné),* der *sich* von dem her empfängt, was er empfängt (vgl. *Etant donné. Essai d'une phénoménologie de la donation,* Paris 1998², §26, insbesondere 366 f.).

Faktoren (der Psychologie, der Kultur oder gar der Religion) begnügen muss, welche bestenfalls eine bloß aposteriorische Erklärung, aber niemals eine ernstzunehmende Vorhersage liefern können. – Sie bringt also ein Ereignis hervor oder vielmehr sich selbst als ein *Ereignis* (und nicht als eine bloße Tatsache) zur Erscheinung, weil sie, hervorgegangen aus der reinen Möglichkeit, kein endliches Resultat fabriziert, das, wenn es erst einmal da ist, auch schon abschließend bestimmt ist und endgültig erledigt, sondern ein Mögliches (das Kind) hervorruft, dessen Zukunft wiederum weder vorhergesehen oder vorweggenommen noch abgeleitet werden kann aus ihren Ursachen, sondern erwartet werden muss. – All diese Merkmale finden sich auch als allgemeine Bestimmungen des Phänomens, insofern es gegeben ist[5] – mit einem entscheidenden Unterschied: Im Fall der Vaterschaft gibt das gegebene Phänomen und beansprucht dadurch eine Hauptrolle unter allen gegebenen Phänomenen, nämlich die des gebenden Gegebenen. Dass das Gegebene nicht nur sich gibt, sondern ein anderes Gegebenes außer sich gibt, eröffnet ein Surplus, einen Überschuss, eine unkontrollierbare Negentropie, die weder Armut noch Angst und auch nicht der Tod auszulöschen vermögen (ganz im Gegenteil). Das Gegebene gibt hier einfach immer und notwendigerweise ein anderes als es selbst, d. h. *mehr* als sich selbst; es erweist sich als unhaltbar und unerschöpflich, unbezwinglich und unmöglich; oder anders gesagt: Es ermöglicht das Unmögliche, ohne Herrn und ohne Gott. Aber mehr noch: Das Gegebene gibt hier nämlich, insofern es sowohl sich als auch dasjenige zur Erscheinung bringt, was es gibt. In der Folge wird das Sichtbare selbst, d. h. nichts Geringeres als die Gesamtheit der bis dahin sichtbaren Phänomene, sich aufladen mit einem unbezwingbaren, unberechenbaren und unerschöpflichen Überschuss, der durch nichts zu bändigen ist. Indem sie sich gibt und zeigt, gibt und manifestiert die Vaterschaft prinzipiell mehr als sich selbst; ihre Sichtbarwerdung ruft folglich eine Phänomenalisierung hervor, die von Rechts wegen ohne Ende ist. Nirgendwo sonst zeigt sich mit solcher Klarheit, was es heißt, gegeben zu sein *(Gegebenheit[6])*, d. h. im Modus des Gegebenen zu erscheinen (wofür man fast

---

[5] Zu den Bestimmungen des Phänomens als eines gegebenen vgl. *Etant donné*, III. Buch, a. a. O., 169 f. Wir erwähnen hier nur einige Punkte; die Vaterschaft validiert aber ebenso gut auch die anderen (Anamorphose, Faktizität, vollendete Tatsache, Inzidenz etc.).

[6] Deutsch im Original.

den Neologismus der *donnéité* einführen müsste), so dass der Vaterschaft ein außergewöhnliches phänomenologisches Privileg zukommt.

Aber dieses Privileg höchstgradiger Gegebenheit verdoppelt sich oder gleicht sich aus durch ein anderes, das man, zumindest in einem ersten Schritt, nur *ex negativo* konzipieren kann. Gerade das Phänomen, das sich dadurch gibt, dass es gibt, kann sich nämlich seinerseits nur geben, wenn es zunächst sich selbst gegeben ist – d. h. von anderswo empfangen. Von anderswo empfangen, d. h. natürlich von einem (anderen) Vater, vom Anderen. Doch in der durch den Vater gegebenen Gabe erfüllt sich wiederum das dreifache Paradox der auf die Gegebenheit reduzierten Gabe. – Erstens bleibt der Geber hier notwendig abwesend und sozusagen suspendiert. Denn *der Vater fehlt.* Zunächst fehlt er, weil er nur momentweise lang zeugt, sodann überflüssig wird und sich zurückzieht – ganz im Gegensatz zur Mutter, die bleibt und in der das Kind bleibt. Die glückliche Immanenz der Innerlichkeit von Mutter und Kind verurteilt im Umkehrschluss die unglückliche Transzendenz des Vaters. Auch später fehlt der Vater, weil er weggeht (weggehen muss) und sich seinem Kind dadurch bemerkbar macht, dass er ihm fehlt, und zwar aus Prinzip. Nicht, dass er sich immer davonstiehlt wie ein umgekehrter Dieb und zwangsläufig Mutter und Kind sitzenlässt; er fehlt vielmehr, weil er niemals mit dem gegebenen Kind verschmelzen kann (im Gegensatz zur Mutter, die es kann und, für eine gewisse Zeit, sogar muss), da er ja mit ihm nur vereint bleiben kann, indem er gerade aufbricht, um ihm nun nur seine Hilfe und Unterstützung zu bringen, als Lieferant von draußen, als Jäger, Krieger, Reisender; als derjenige, der immer wieder zurückkehrt, der immer wieder heimkommt zu Frau und Kind, von dem er sich aber unbedingt entfernen muss, wenn er bei ihm bleiben will. Um zu bleiben, darf der Vater nicht bleiben: er muss durch Abwesenheit glänzen. Er kommt zur Erscheinung, indem er nicht in Erscheinung tritt.[7] Schließlich und vor allem fehlt der Vater, weil seine Vaterschaft (in Folge seiner ersten beiden Ver-fehlungen) sich niemals

---

[7] Siehe dazu Roland Barthes: »Historisch gesehen wird der Diskurs der Abwesenheit von der Frau gehalten: die Frau ist seßhaft, der Mann ist Jäger, Reisender; die Frau ist treu (sie wartet), der Mann ist Herumtreiber (er fährt zur See, er ›reißt auf‹). [...] Daraus folgt, dass bei jedem Manne, der die Abwesenheit des Anderen ausspricht, sich *Weibliches* äußert: dieser Mann, der da wartet und darunter leidet, ist auf wundersame Weise feminisiert« *(Fragmente einer Sprache der Liebe*, übersetzt von Hans-Horst Henschen, Frankfurt am Main 1988, 27 f.).

auf eine unmittelbare empirische Bestätigung stützen kann; selbst die Identifizierung über einen genetischen Vaterschaftstest bleibt mittelbar (eine solche Untersuchung erfordert Zeit und Instrumente der Analyse) und führt darüber hinaus zu einem rechtlichen Verfahren der Anerkennung (oder Verweigerung) der Vaterschaft: über den Vater lässt sich immer nur mutmaßen. Damit ist nicht gesagt, dass er sich versteckt oder verleugnet, sondern dass er sich nur dadurch zum Vater erklären kann, dass er – und zwar notwendigerweise im Nachhinein – das Kind anerkennt, das er *per definitionem* niemals hat von Anfang an kennen können; er kommt immer schon zu spät und kann das Kind nur noch als seines ausgeben (es also auch verleugnen), nur noch Anspruch auf die Vaterschaft erheben vermittels seines Wortes und der rechtsgültigen Erklärung. Wirklich geben kann ein Vater seinem Kind nur dadurch, dass er ihm, nach dem biologischen, immer zufallsbedingten Leben, auch einen Status und einen Namen, d. h. eine Identität gibt, eine symbolische Identität, die er ihm immer wieder aufs Neue geben muss, in jedem Augenblick und ohne Ende, und die er ihm nur zusichern kann, indem er sie bis zum Ende wiederholt. Der Vater muss alle Zeit seines Lebens darauf verwenden, dem Kind seine Identität zu geben und *immer wieder neu zu geben* – seinen Status als Gabe ohne Gegenleistung, aber auch ohne Gewissheit. Vaterschaft – das ist der Überfluss der Gabe im Defizit des Fehlens. – Diese drei Motive (Entzug, Aufbruch, Überfluss) lassen den Vater erscheinen als die Gestalt des vollkommen auf die Gegebenheit reduzierten Gebers, des suspendierten, eingeklammerten Gebers.

Zweitens: das Phänomen der Vaterschaft bestätigt die auf die Gegebenheit reduzierte Gabe dadurch, dass das Kind, wie sehr auch immer es als Empfänger erscheinen mag (ja, als Empfänger *par excellence*, da es eben nicht nur eine Gabe erhält, sondern sich selbst als die Gabe einer Möglichkeit empfängt), *per definitionem* nicht im Geringsten ein hinreichendes Schuldbewusstsein haben kann. Denn wie tief auch immer das Kind durch das Gefühl einer Schuld geprägt ist, wie inständig auch immer es durch die kindliche Treue zu den Eltern manchmal bedrängt wird und wie ernsthaft auch immer es sich anstrengt, der Gabe des Vaters entsprechen, stets wird es daran durch etwas gehindert, was nichts mit subjektiver Undankbarkeit oder empirischem Hass zu tun hat, wie sie immer möglich und zumindest als Drohungen präsent sind; die radikale Unmöglichkeit, um die es hier geht, ist grundsätzlicher: Ob es will oder nicht, ob es sich dazu verpflichtet fühlt oder nicht, das Kind wird die Rechnung niemals begleichen können und immer undankbar, ungenügend und sich dessen unbewusst bleiben, weil es ihm nämlich niemals gegeben sein wird, dem Vater zurückzugeben, was es von ihm empfangen hat: das Leben. Das Kind wird ihm Zeit zurückgeben, ihm wieder Fürsorge und Aufmerksamkeit schenken können, möglicherweise bis zum Ende – den Vater etwa auf seine alten Tage hin pflegen, ihn mit Zuneigung umhegen und dafür Sorge tragen können, dass es ihm an nichts fehlt; aber in der Stunde seines Todes wird das Kind ihm niemals das Leben wiedergeben können. Allenfalls wird das Kind seinem Vater den Abschied erleichtern, niemals aber ihm das Leben zurückgeben oder ihm ein neues Leben schenken können. Dagegen spricht auch nicht, dass das Kind seinerseits Leben schenken kann – natürlich wird es dies unter Umständen können, aber wem auch immer es dann das Leben schenken wird: Sein Vater wird dies nicht sein. Denn auch das Kind wird denjenigen das Leben schenken, die es ihrerseits wiederum aus dem gleichen Grund nur ihren eigenen Kindern werden schenken können, aber niemals ihrem Vater; Kinder, die sich ihrerseits als abweisende Empfänger erkennen werden und die ihrerseits zu fehlenden Gebern werden können. An dieser wahrhaft ursprünglichen Differenz (von der noch der Verzug der Intuition herrührt) richtet sich der Zeitstrahl aus. Dem niemals gegenwärtigen Geber, der der Vater ist, entspricht das Kind nur dann angemessen, ja genau dann, wenn es zugibt, dass es ein säumiger Empfänger ist. Nur kraft dieser unvermeidlichen Unmöglichkeiten, die Gabe zurückzugeben und die auf die Gegebenheit reduzierte Gabe in der Schleife des Tausches einzufangen, entfaltet sich ein Stammbaum.

Was die in der Vaterschaft gegebene Gabe angeht, so versteht es sich nun von selbst, dass sie keinesfalls mehr in ein Objekt oder ein Seiendes (sei es vorhanden, sei es zuhanden) umschlagen kann. Der Vater gibt dem Kind nichts als das Leben (und einen Namen, mit dem er dieses Leben anerkennt und beglaubigt). Die gegebene Gabe reduziert sich in diesem Fall gerade auf das Leben, das, eben weil es jedes Seiende und jedes Objekt möglich und gegebenenfalls wirklich macht, selbst nicht in den Bereich des Seienden oder Gegenständlichen fällt. Das Leben *ist* nicht, weil alles, was ist, durch es ist und nichts ohne es ist; keiner sieht es, keiner definiert es, keiner begreift es als etwas Reales, als etwas unter anderem, Ding unter Dingen. Übrigens fehlt einem Leichnam nichts Reales, mittels dessen man ihn von einem belebten Körper unterscheiden könnte. »Bis auf dass er nicht mehr sprechen kann …«, sagt man von jemandem, der gerade erst verstorben ist; aber die Sprache ist keine reale Sache unter anderen, ein Un-ding; sie ruft die Dinge hervor, indem sie sie benennt, und indem sie sie zur Erscheinung bringt, erscheint sie selbst niemals als ein Ding. Das gegebene Leben erscheint nicht, ist nicht und also auch nichts, was man besitzt. Durch das Leben ist es uns gegeben, zu erscheinen, zu sein und uns selbst zu besitzen. In ihm ist die Gabe vollkommen auf die Gegebenheit reduziert, auf dieses nichts *(rien)*, das alles dem Nichts *(néant)* entreißt.

Damit entfaltet die Vaterschaft, de facto und de jure, die gesamte Phänomenalität einer auf die reine Gegebenheit reduzierten Gabe. Mit ihr manifestiert sich der Geber, gerade insofern er abwesend ist, der Empfänger, insofern er zu spät kommt, und die Gabe in direktem Verhältnis zu ihrer Irrealität. Nicht nur widersprechen die phänomenologischen Erfordernisse einer Reduktion des Gegebenen auf die Gegebenheit nicht der Beschreibung der Gabe als eines regulären Phänomens (beide kommen vielmehr exakt zur Deckung); sondern vor allem erscheint die Vaterschaft nur dann als ein reguläres (gegebenes) und sogar privilegiertes (als gebend gegebenes) Phänomen, wenn der phänomenologische Blick es durchschaut als immer schon von Natur aus reduziertes Phänomen und sozusagen dasjenige rekonstituiert, von dem her es sich reduziert findet, d.h. dasjenige, vor dem die Modelle des Tausches, der Reproduktion und der Produktion sich definitiv als unvermögend und unangemessen erweisen. Die Schwierigkeiten, die unsere heutige Zeit hat, die Vaterschaft begrifflich zu fassen, ist eine direkte Folge ihrer Unfähigkeit, die Gabe auf die Gegebenheit in ihr zu reduzieren.

3. Die Gabe ohne das Prinzip der Identität

So eröffnet das gegebene und gebende Phänomen der Vaterschaft, ist es erst einmal vollständig auf die Gegebenheit reduziert, der Phänomenalität der Gegebenheit (oder der *donnéité*) generell neue Bereiche, die wir hier nicht im Einzelnen erkunden können. Doch zumindest können wir ein Charakteristikum der Phänomenalität der Gabe im engeren Sinne hervorheben, dessen Konturen sich hier in aller Klarheit abzeichnen.

Die Vaterschaft hebt sich eindeutig dadurch ab, dass sie sich entfaltet, einerseits ohne Reziprozität, andererseits im Übermaß. Welche Bedeutung ist diesen beiden Besonderheiten beizumessen? – Die Vaterschaft entfaltet sich ohne Reziprozität, weil der Vater als Vater (das Leben) nur geben kann unter der ausdrücklichen Bedingung, dieses Leben niemals im Gegenzug von demjenigen empfangen zu können, dem er es gegeben hat. Der Vater kann nicht geben, um im Gegenzug zu empfangen – und gerade dieses scheinbar negative Privileg macht und zeichnet ihn aus. Diese Sonderstellung der Vaterschaft wird nur dann widersinnig, wenn man darauf beharrt, sie aus der Perspektive der Ökonomie zu betrachten, in deren Augen sie als fehlgeschlagener Tausch oder als verpasster Wechsel erscheinen muss. Hat man aber erst einmal eingeräumt, dass die Analyse hier ein für alle Mal den Horizont der Ökonomie hinter sich lassen muss, um in den Horizont der Gegebenheit einzugehen, so lässt sich ihre Sonderstellung voll und ganz verständlich machen. Zweifelsohne erscheint der Vater als derjenige, für den ich, ich als Kind, nichts tun kann, dem ich nichts zurückgeben kann und dem ich seinen Tod nicht werde abnehmen können. Diese letzte Einsamkeit, der ich ihn – komme, was wolle, und noch in der engsten emotionalen Verbundenheit – werde überlassen müssen, hat dennoch nichts von bitterer Ohnmacht oder unerbittlichem Unrecht. Denn sie markiert in erster Linie die einzige Transzendenz, die sich nicht bestreiten lässt und die jedes Menschenleben in seiner eigenen Immanenz anerkennen kann und muss; so dass, wenn je wir Gott beim Namen zu nennen hätten, es recht ist, ihn »Vater« zu nennen und ihn allein: »Vater nennet niemanden auf Erden; denn nur einer ist euer Vater, der im Himmel« (Mt 23, 9). Der Vater ist in seinem Wesen bestimmt als derjenige, dem wir gerade deswegen nichts zurückgeben können, weil wir als seine Söhne es ihm verdanken, dass wir selbst zum Gegebenen gehören. Wie durch den Sohn das Wesen des Vaters ist durch den Vater damit zugleich auch der Sohn in seinem Wesen bestimmt als derjenige, der sich nicht zu geben vermochte, was er doch als sein Eigenstes empfangen hat. Denn als Söhne erfahren wir uns nicht nur als gegeben wie jedes andere Phänomen, sondern als begabt und dieser Gabe hingegeben – als diejenigen, die sich im Empfang des Gegebenen selbst empfangen, ohne dieses Gegebene aus der Position eines bereits vorbereiteten und seiner selbst versicherten Empfängers zu erwarten. Bis zu welchem Grad impliziert die Empfindung seiner selbst als hingegeben-begabt *(adonné)* auch die Anerkenntnis meiner Sohnschaft? Die Antwort auf diese Frage mag vielleicht (nur vielleicht) das Feld der Philosophie übersteigen und womöglich bereits rühren an das Gebiet der Theologie; aber die Phänomenologie der reduzierten Gabe führt zumindest unweigerlich dazu, diese Frage zu stellen.[8]

Über die Transzendenz hinaus, die sie in der Immanenz des Hingegeben-Begabten *(adonné)* aufbrechen lässt, offenbart die Vaterschaft hier ihre wesentliche phänomenale Bestimmung: die Aufhebung der Reziprozität. Denn wenn die reduzierte Gabe sich als auf den Tausch irreduzibel erweist, so rührt dies, wie gesehen, daher, dass sie sich nicht mehr auf die Tauschbegriffe stützt. Die Gabe kann bis zur Verausgabung geben und sich mit allem, was sie hat, verschenken und verschwenden, sie kann empfangen, ohne etwas erstatten zu können, und sich vollenden, ohne etwas Reales zu übertragen, was man in Besitz nehmen könnte wie irgendeine Sache. Folglich kann die Vaterschaft nicht nur wie jede andere reduzierte Gabe auf die Reziprozität verzichten, sondern sie kann in sich auch nicht die geringste Wechselseitigkeit dulden, die sie also aus sich ausschließen, der sie jeden Anspruch absprechen muss. Die reduzierte Gabe gibt und empfängt ohne Gegenzug, ohne zurückkommendes Einkommen, ja sogar nur unter der ausschließenden Bedingung, mit der Reziprozität nichts gemein und nichts zu tun zu haben. Was bedeutet diese Aufgabe der Wechselseitigkeit? Es ist dies keine Frage der Ethik, deren Geschäft wiederum erst dort anfängt, wo die Wechselseitigkeit aufhört, erst dann also, wenn die Reziprozität einmal überwunden ist, und nur im Ausgang von dieser Überwindung. Diese der Ethik vorgängige Überwindung geht zurück bis auf die basale Bestimmung der Metaphysik, die nun eines ihrer Grundprinzipien in Frage gestellt findet, nämlich das Prinzip der Identität. Dieses Prinzip setzt voraus, dass nichts – zugleich und in derselben Rücksicht – anders sein kann als es selbst. Anders gesagt: Möglichkeit beruht hier auf logischer Widerspruchsfreiheit: »[W]ir urteilen, dass dasjenige, welches etwas widersprechendes in sich fasset, *falsch*, hingegen aber *wahr* sei, wel-

---

[8] Michel Henry gelingt dies mit mustergültiger Präzision, indem er der Reziprozität – »Das Phänomen, das der Ökonomie zugrundeliegt, ist der Tausch, dessen Begriff nicht unabhängig vom Begriff der Reziprozität gebildet werden kann« – ihre Überwindung gegenüberstellt: »Die Nicht-Reziprozität der inneren Beziehung, die uns mit Gott verbindet, bedeutet das Dazwischenkommen einer Relation, die anders ist als jene, zu der es zwischen den Menschen kommt«, und bei der eben »jeder Mensch Sohn Gottes ist und nur von ihm […], da niemand lebt, dem es gegeben wäre, sich selbst das Leben zu schenken« (*Paroles du Christ*, Paris 2002, 37, 46 und 47; dt. Übers. von Rolf Kühn).

ches dem falschen gerade zuwider laufet oder entgegengesetzet ist.«[9]
Die logische Widerspruchsfreiheit, welche die formale Möglichkeit
von allem und jedem auf seine Denkbarkeit und damit auf sein Wesen
gründet, vollendet sich in der Gleichheit mit sich selbst. Die Reziprozität im Tausch reproduziert in der Folge zwischen zwei Seienden und
ihren beiden Wesenheiten die eine Forderung nach Widerspruchsfreiheit. Durch die Ökonomie wird diese Forderung ausgeweitet und
angewendet auf die gesellschaftlich generierten und den gesellschaftlichen Zusammenhalt wiederum stabilisierenden Beziehungen der
Herstellung, des Besitzes und des Verbrauchs von Gütern; umgekehrt
ruft die Missachtung dieser Forderung Widerspruch hervor, ver-
unmöglicht also langfristig Tausch und Gesellschaft. Genau die gleiche Forderung greifen die politischen Ideale von Gleichheit und Solidarität auf höherer Komplexitätsstufe auf. In all diesen Formen
verallgemeinert die Reziprozität ein und dasselbe Prinzip der Identität, ein und dieselbe Forderung nach Widerspruchsfreiheit.

Wenn also die reduzierte Gabe sich nur dadurch bezeugt, dass sie
die Reziprozität und damit die Gleichheit der Dinge mit sich selbst
unterminiert, widerspricht sie nicht nur der Ökonomie und den Bedingungen der Möglichkeit der Erfahrung, sondern sie widerspricht
dann auch und vor allem dem Satz vom (ausgeschlossenen) Widerspruch, dem Prinzip der Widerspruchsfreiheit. Wie der Fall der Vaterschaft beweist, erlaubt es die reduzierte Gabe, dass etwas nicht mit
sich selbst identisch bleibt, sondern mehr als es selbst wird (oder vielmehr gibt); oder auch dass etwas einen schlechten Tausch und also
Verlust macht, indem es sich als Gabe vollendet. Die reduzierte Gabe
gibt (oder empfängt) immer mehr (oder weniger) als sie selbst, denn
bliebe die Bilanz ausgeglichen, fände eben keine Gabe statt, sondern
geschähe ein Tauschgeschäft. Im Widerspruch zur Gabe widerspricht
der Tausch nicht dem Prinzip der Identität, bietet er davon doch
schlicht eine basale Variante für den Fall einer Relation zwischen zwei
Termen. So verliert sich beispielsweise der Vater, indem er ein Leben
gibt, das ihm niemals wird zurückgegeben werden; und er widerspricht sich, indem er auf einen Tausch zu gleichen Teilen verzichtet,
eben um Vater sein zu können; aber man könnte genauso sagen, dass
er viel mehr gibt, als er besitzt, indem er ein Leben gibt, das er in
einem gewissen Sinn gar nicht hat (weder in sich selbst noch aus sich
selbst), weil es nicht mit ihm identisch ist, da ja jeder Vater selbst

---

[9] Leibniz, *Monadologie*, §31, a. a. O., 612.

Sohn eines anderen Vaters bleibt. Die Vaterschaft bringt die Nicht-Identität eines jeden Selbst mit sich selbst zum Vorschein, und dieser Widerspruch des Selbst mit sich selbst entfaltet sich in der Folge in allen Formen der Ungleichheit. Im Allgemeinen ereignet sich die Gabe nur dadurch, dass sie diese Nicht-Identität mit sich selbst hervorruft und daran anschließend eine endlose Ungleichheit offenbart: die Ungleichheit zwischen Geber und Gabe, zwischen Empfänger und Geber, zwischen Empfänger und Gabe und die Ungleichheit der Gabe mit sich selbst. Diese Ungleichheiten, die übrigens auch untereinander nicht identisch sind, lassen sich nacheinander und auch abwechselnd beschreiben als Verlust, als Überschuss oder als Ambiguität; aber in keinem Fall sind sie nach dem Muster der Selbst-Identität zu begreifen.

Solch eine essentielle und polyseme Nicht-Identität, wie sie die Gabe überall dort freisetzt, wo sie sich vollzieht, verlangt letzten Endes nach nichts Geringerem als einer Neubestimmung des Begriffs der Möglichkeit. Möglichkeit wäre nun nicht mehr als bloße Widerspruchslosigkeit, als Selbst-Identität im Sinne der Übereinstimmung mit dem eigenen Wesen zu konzipieren, welches seine Rationalität dadurch beglaubigt, dass es dem Verständnis (und also dem endlichen Verstand) keinen Widerspruch entgegenstellt, sondern sie wäre zu denken als Selbst-Überschuss (und gleichermaßen als Selbst-Verlust) über sich selbst, der, indem er sich gebend verausgabt, mehr gibt als sich selbst und ein anderes Selbst hervorruft, das vom ersten Selbst verschieden (und also auch von sich selbst verschieden) ist. Möglichkeit besteht nun nicht mehr in der Selbst-Identität mit sich selbst, sondern im Selbst-Überschuss über sich selbst. In der paradoxen Logik der Gabe, die den Tausch und die Reziprozität ausschließt, läuft immer alles auf viel mehr (oder weniger) als es selbst hinaus, ohne dass dem irgendeine Unmöglichkeit entgegensteht; denn die Art von Unmöglichkeit, die sich dem entgegenstellen könnte, bliebe eine bloße Nicht-Möglichkeit qua Nicht-Identität mit sich und im Sinne des Prinzips eben jener Identität, der zu widersprechen doch gerade den neuen Begriff von Möglichkeit definiert, den die Gabe ins Werk setzt. Nicht nur geht die Gabe nicht an ihrer Nicht-Identität und ihrer Ungleichheit mit sich zugrunde, sondern sie entsteht überhaupt erst, wenn diese sich von Grund auf entfalten. Das aber heißt, dass gar keine Unmöglichkeit der neuen Möglichkeit der Gabe Einhalt gebieten kann, da diese sich ja gerade speist aus der Unmöglichkeit und Widersprüchlichkeit der Identität mit sich selbst, der Gleichheit mit sich selbst und der Reziprozität des Tausches. Für die Gabe, die sich nur gibt, indem sie sich aufgibt, und sich nur gewinnt, indem sie sich verliert, ist nichts mehr unmöglich. Was nicht gegeben wird, ist verloren, aber nichts kann die Gabe verlieren, da sie im Widerspruch zu ihrer Möglichkeit besteht.

4. Der Gabe eigener Horizont – die bedingungslose Möglichkeit

So wie wir nun das Phänomen der Gabe in Gestalt der Vaterschaft auf sich selbst reduziert haben, entfaltet es sich aber einmal mehr nur dadurch, dass es die Geschäftsbedingungen des Tausches suspendiert, bis es schließlich sogar dem Satz vom Widerspruch widerspricht. Aber anstatt die Phänomenalität der Gabe zu festigen und in ihrer Logik zu erklären, könnte dieses Ergebnis die Schwierigkeit noch weiter verkomplizieren. Zunächst, weil ihre Ausnahme vom Prinzip der Identität die Gabe umso mehr zu marginalisieren und aus ihr einen Sonderfall der Phänomenalität zu machen scheint, im Gegensatz zur üblichen Regelmäßigkeit des Tausches, der sich dem Satz vom Widerspruch und seiner Identitätslogik nicht widersetzt. Wenn also die Gabe sich im Allgemeinen vornehmlich über den beispielhaften Fall der Vaterschaft veranschaulichen lässt, müsste man dann aber nicht auch die Möglichkeit, dem Satz vom Widerspruch zu widersprechen (oder anders gesagt: die Möglichkeit der Unmöglichkeit), auf diese phänomenale Ausnahme einer von Natur aus auf die Gegebenheit reduzierten Gabe beschränken? Einzig die mustergültige Gabe, die Vaterschaft (und also auch der Hingegeben-Begabte: l'adonné), wäre vom Prinzip der Identität ausgenommen, welches weiterhin die Regel bliebe für den ganzen Rest der Phänomene und auch alle anderen Gaben.

Aber dieses Ausweichmanöver führt nicht weiter. – Zunächst, weil de facto alle Gaben ausnahmslos sich dadurch vollenden, dass sie in sich der Identität mit sich widersprechen, da sie eben die Gleichheit aufheben, ja eine Ungleichheit schaffen müssen (zwischen Geber und Empfänger); die Vaterschaft ist nur darum paradigmatisch, weil sie diese Ausnahme vom Prinzip der Identität nicht nur in sich selbst offenbar werden lässt, sondern auch in allen anderen Gaben (die durch sie allein erst möglich werden). – Sodann, weil die Gabe als solche (sprich: alle Gaben) sich nicht nur des ersten Prinzips der Metaphysik (Prinzip der Identität oder Satz vom Widerspruch) entledigt, sondern auch des zweiten, d. h. des Prinzips vom »*zureichenden Grunde*, durch Hülfe dessen wir betrachten, dass keine Begebenheit wahrhaftig und würklich vorhanden, kein Satz echt oder der Wahrheit gemäß sein kann, wo nicht ein zureichender Grund sei, warum das Factum oder der Satz sich vielmehr so und nicht anders verhalte.«[10] Dieses Prinzip behauptet, dass jede Tatsache, jede Aussage und also auch jedes Phänomen einen Grund haben muss, der jeweils deren Tatsächlichkeit rechtfertigt. Anders gesagt: Um sich zu vollenden, muss ein Phänomen nicht nur die Möglichkeit seines Wesens, seine Widerspruchslosigkeit bezeugen; es muss zudem auch die Wirklichkeit seiner Existenz begründen. Dies ist nur möglich, wenn etwas anderes als das Phänomen selbst (als dessen Ursache oder Grund) hinzukommt, das den Übergang vom Wesen zum Sein, von der Essenz zur Existenz nachvollziehbar werden lässt. Aber können wir dem, was *sich* gibt, immer einen Grund (oder eine Ursache) zuweisen, der (oder die) von ihm selbst verschieden wäre? Wir haben an anderer Stelle phänomenologisch die Fraglichkeit dieser Behauptung aufgezeigt: das Phänomen *sensu stricto* hat die wesentliche Eigenschaft, sich an sich und von sich selbst her zu zeigen und also zur Erscheinung zu kommen nicht in Gestalt einer Wirkung, die in die Wirklichkeit eintritt, d. h. nicht durch eine von ihm selbst verschiedene Ursache oder einen von ihm selbst verschiedenen Grund. Es zeigt *sich* umso mehr als es selbst, als es *sich* von sich selbst her gibt.[11] Ist es, in dem speziellen Fall, dass das gegebene Phänomen die Gestalt der Gabe annimmt, vorstellbar, dass wir es mit einem Ausnahmefall zu tun haben und wir ihrer Phänomenalisierung also ein anderes *Selbst* als sie selbst zuordnen könnten? Man muss die Frage nur formulieren, um zu sehen, dass die Gabe (weniger noch als jegliches sonstige Phänomen) es keiner anderen Instanz erlaubt, ihre Phänomenalisierung zu kontrollieren. Denn die Gabe zeigt sich von sich selbst her in einer doppelten Hinsicht: einmal weil sie, wie jedes andere Phänomen, *sich* von sich selbst her gibt; aber auch weil sie, radikaler noch als jedes andere Phänomen, ihr *Selbst* von sich *selbst* her gibt. Die Gabe, die (sich) gibt, gibt nur von sich selbst her, also ohne etwas einem Grund (oder einer Ursache) zu verdanken zu haben, der (oder die) von ihr selbst verschieden wäre. Man muss nur die genaue Beschreibung der Gabe wiederaufnehmen, um den Nachweis zu erbrin-

---

[10] Leibniz, *Monadologie*, a. a. O., § 32.
[11] Vgl. *Etant donné*, a. a. O., §§ 17–18 (Abschnitt III, *passim).*

gen, dass dieses Phänomen sich so zur Erscheinung bringt, wie es gibt – *von selbst*, nur von sich selbst her, ohne einen anderen Grund als sich selbst.

Nehmen wir den einfachen Fall an, wo eine Gabe (qua Phänomen in der Welt) ihrem Geber erscheint, bevor dieser sie tatsächlich gibt (vom Empfänger sei hier abgesehen). Wie kommt die reduzierte Gabe diesem Geber zu, so dass sie sich tatsächlich gibt? Außerhalb der Reduktion würde die übliche, unkritische Antwort lauten: Die Gabe wird wirklich, wenn der Geber sich willentlich *entscheidet*, sie zu geben, und damit sich selbst als ihre Wirkursache und als ihr letzter Grund einzusetzen vorgibt. Aber diese Antwort ist offensichtlich unzureichend, denn diese freie Willensentscheidung bietet nur eine Schein-Lösung; eigentlich bleibt sie selbst noch ein Problem, da noch tiefer zu verstehen bleibt, wie der Geber zu der Entscheidung kommt, diese Gabe tatsächlich zu geben, d. h. wie ihm die Entscheidung zukommt, dies zu entscheiden. Und eine Antwort auf diese Frage erweist sich als nicht so leicht, wie man es vielleicht erwarten könnte. – Denn offenkundig nicht wegen des Gegenstandes, den er gibt, entscheidet sich der Geber, diese oder jene Gabe zu geben. Zunächst, weil ein Gegenstand als solcher nichts entscheiden kann, insbesondere nicht entscheidet zwischen ihm selbst und all den anderen Gegenständen, die dafür in Frage kommen könnten, dass man sie gibt. Zum zweiten, weil die Gründe dafür, lieber diesen einen Gegenstand als jenen anderen zu geben, nur aus Berechnungen resultieren könnten, denen der Gegenstand in jedem Fall ausgesetzt wäre, ohne dass er diese hervorbringen oder rechtfertigen könnte. – Auch nicht um willen dieses oder jenes möglichen Begünstigten, der ihn mehr als die anderen in Anspruch genommen hätte, entscheidet sich der Geber für diese oder jene Gabe: Die Zahl der Bedürftigen entmutigt ihn und die Unverschämtheit ihrer Forderungen verleidet es ihm auch, aber nichts erlaubt ihm, sich zu entscheiden. – Es bleibt also beim Geber, sich ganz allein und von selbst zur Gabe zu entscheiden; aber er muss sich auch entscheiden, zu *geben* und nicht nur sich eines verfügbaren Gegenstands zu entledigen, gemäß den Regeln eines wohlverstandenen Eigeninteresses; auch darf er den Gegenstand nicht aus Berechnung (oder gar um der Gerechtigkeit, dieser Gleichheit, willen) verteilen oder vertreiben gemäß den Gesetzen der Ökonomie (dieses Tausches). Hier muss sich eine rein auf die Gegebenheit in ihr reduzierte Gabe geben.

Und das ist nur möglich, wenn die Gabe sich von sich selbst her erhebt und sich als solche ihrem Geber auferlegt, ihm also zukommt als etwas, das zu geben ist *(donandum est)*, das es sozusagen einfordert, dass man es gibt, und das unter manch anderen Gegenständen oder Seienden erscheint als dasjenige, dessen Gabe sich aufdrängt. Die zu gebende Gabe kann *sich* aufdrängen als einer Not in der Nähe ihres derzeitigen (und vorläufigen) Besitzers so nützlich, dass dieser es sich schuldig ist, sich nun zu ihrem einstigen Pächter und bloßen Vorbesitzer zu erklären und also schließlich zu ihrem Geber zu werden; oder die zu gebende Gabe kann *sich* aufdrängen als so schön, dass sie nur zu einer Schönheit passt, die viel größer ist als die ihres Besitzers, der es sich also schuldig ist, sie dieser zu verehren; die zu gebende Gabe kann *sich* schließlich aufdrängen als so selten, dass ihr Finder sich gezwungen sieht, sie in eine Umgebung zu versetzen, die außergewöhnlicher ist als er selbst. Es gibt so viele Beispiele für diesen lautlos zwingenden Anspruch, sei es im Politischen (Machtübergabe: König Lear an seine Töchter), im Moralischen (Entsagung: die Prinzessin von Clèves), im Religiösen (Weihe: die vollkommene Armut des Franz von Assisi) und auch anderswo, dass wir sie nicht weiter beschreiben müssen.

Die Gabe, die gegeben werden muss, kommt hier so sehr von sich selbst her, von einem *Selbst* her, dass sie sich aufdrängt in doppelter Hinsicht. Zunächst drängt sie sich auf als das, was man geben muss – ein Phänomen, das sich von den anderen durch eine solche Evidenz unterscheidet, dass niemand berechtigt ist, sich als sein Besitzer auszugeben, ein Phänomen, an dem man sich die Finger verbrennt und dessen Exzellenz es gerade verlangt, dass man es loslässt. Sodann drängt die Gabe sich auf, indem sie ihren jeweils früheren Besitzer zwingt, sie gehen zu lassen zu einem immer wieder anderen Adressaten; denn die Gabe entscheidet selbst darüber, wer ihr Besitzer ist, und fordert also auch von diesem Besitzer, dass er zu ihrem Geber werde und ihren Besitz aufgebe (in dieser Reihenfolge und nicht umgekehrt). Daher vollendet sich die auf die Gegebenheit reduzierte Gabe ausschließlich kraft ihrer eigenen *Gebbarkeit (donabilité):* Sie verwandelt ihre Realität als Seiendes oder Gegenstand, indem sie als gebbar erscheint und ihren Besitzer überzeugt, sie loszulassen, um selbst in vollkommener Gebbarkeit erscheinen zu können. Die Gabe entscheidet selbst und von sich aus über ihre Gegebenheit und über ihren Geber, indem sie unbestreitbar als gebbar und sich geben lassend erscheint. Diese Phänomenalität kommt ihr von nirgendwoher zu außer von ihr selbst. Sie stützt sich auf keine andere Ursache, auf keinen anderen Grund als die reine Notwendigkeit, sich so zu zeigen, wie sie sich gibt – nämlich an sich und von sich aus. Sie kommt von ihrer eigenen Möglichkeit her, so wie sie sich diese ursprünglich selbst gibt.

Nehmen wir den umgekehrten Fall an, wo eine Gabe in der Weise eines Phänomens ihrem Empfänger erscheint, der sie erhält (vom Geber sei hier abgesehen). Wie kommt die reduzierte Gabe diesem Empfänger zu als tatsächliche Gabe? Wird die Gabe wirklich, weil eben dieser Empfänger sich willentlich *entscheidet*, sie zu empfangen, und damit sich selbst als ihre Zielursache und als ihr erster Grund einzusetzen vorgibt? Freilich, außerhalb der Reduktion kann man es so verstehen. Aber diese Antwort bietet nur eine Schein-Lösung, weil sie noch nicht zu verstehen erlaubt, wie es dem Empfänger gelingt, die Gabe als solche anzunehmen, nämlich als etwas, das zu empfangen ist, und also auch nicht erklärt, wie er sich selbst entscheiden kann, sie anzunehmen. Hier häufen sich nun die Schwierigkeiten. – Zunächst einmal ist es notwendig, dass der mögliche Begünstigte es annimmt, eine Gabe zu erhalten; aber diese Annahme setzt voraus, dass er im Vorhinein einwilligt in einen schwer zu leistenden Verzicht: Aufgeben muss er nämlich den Status der Selbstgenügsamkeit, der ruhigen Selbst- und Welthabe; freimachen muss er sich also vom mächtigsten aller Phantasmen, auf dem die ganze Ökonomie und das ganze Kalkül der Interessen im Tausch beruht, d. h. von der Selbst-Identität des *Ich*. Kurz, es geht darum, dem Prinzip der Identität zu entsagen und dem Satz vom Widerspruch zu widersprechen. Bevor man eine Gabe annimmt (was doch recht einfach scheint, da es sich ja scheinbar bloß um einen reinen Zugewinn handelt), muss man es zunächst annehmen, sie anzunehmen, was auch anzuerkennen bedeutet, dass man nun nicht mehr durch sich selbst an Größe gewinnt, sondern vielmehr in Folge einer Abhängigkeit gegenüber dem, was ich nicht bin, genauer: gegenüber dem, was das *Ich* in mir nicht ist. Dies einzugestehen setzt voraus, dass man die Gleichheit mit sich hinter sich lässt, also nicht nur den von der Moral so genannten Egoismus überwindet, sondern in erster Linie alles, was die Reduktion auf die Gegebenheit als ökonomische Tauschlogik diskreditiert hat. Um nicht weniger geht es als darum, eine Logik für eine andere aufzugeben, die nicht mehr von der selbstgefälligen Vernunft des zureichenden Grundes regiert und von keiner Ursache mehr kontrolliert wird. – Sodann ist es notwendig, auch zu unterscheiden zwischen dem, was anzunehmen ist, und dem, was nicht anzunehmen ist; denn nicht jedes Gut ist schon eine Gabe, die sich anbietet, empfangen zu werden. Denn es kann sein, dass etwas weiterhin Eigentum eines abwesenden oder unbekannten Besitzers bleibt und ich, sollte ich ein solches Gut an mich reißen, mich also nur von meiner Gier nach einem verlorenen, zurückgelassenen, gefundenen Gegenstand beherrschen ließe, der rechtmäßig einem Anderen zusteht. Oder es kann sein, dass etwas grundsätzlich von niemandem besessen und also gar nicht angeeignet werden kann (wie etwa die Umwelt, die allen und keinem gehört, oder der menschliche Leibkorpi, der im Prinzip unverfügbar ist). Und es kann sein, dass eine scheinbare Gabe sich schließlich als Übel herausstellt (das Trojanische Pferd, ein Danaergeschenk), usw. Daraus folgt: Um unterscheiden zu können, ob und wann es sich wirklich um eine Gabe handelt, muss zunächst diese Gabe selbst als solche erscheinen, nämlich als zum Empfang gegeben. – Diese beiden Bedingungen (die Annahme anzunehmen und zu sehen, was man annimmt) kann der Annehmende allein nicht erfüllen, da er ja selbst erst ab dem Augenblick ein Empfänger sein wird, wo sich beide Bedingungen in seinen Augen erfüllt finden, also noch vor ihm.

Bleibt noch eine einzige Hypothese: Die Gabe selbst muss einen annehmen lassen, dass man sie annimmt, sie muss sich selbst auferlegen als etwas, das zu empfangen ist. Und dies wird der Gabe genau dann gelingen, wenn aus der zahllosen Menge der Seienden und der verfügbaren, aber gleichgültigen, da bloß besessenen Objekte eines sich löst, um sich im Erscheinen aufzuerlegen als dasjenige, welches von mir anzunehmen ist *(accipiendum est)*. Als plötzlich aufgetauchtes Phänomen wird es also erscheinen unter dem Aspekt der *Annehmbarkeit (acceptabilité)*. Es wird erscheinen, indem es sich heraushebt als etwas zu Empfangendes und denjenigen dazu bringt, es anzunehmen, der in ihm zunächst und zumeist gar keine Gabe sah und auch gar keinen Gedanken darauf verwendete, sich zu seinem Empfänger zu machen. Solch eine Annehmbarkeit übt sich auf ihn aus, dass er sich ohne sie gar nicht als Empfänger erkennen könnte. Weder ausschließlich noch vornehmlich vollzieht sie sich in Form von moralischem Druck oder nach Art einer sinnlichen Verführung, sondern kraft eines phänomenalen Privilegs – kraft der Phänomenalität dessen, was sich an sich und von sich selbst her zu empfangen gibt. Die Gabe phänomenalisiert sich von sich selbst her, insofern sie sich zeigt, wie sie sich gibt: als das, was niemand zu Gesicht bekommen kann, der es nicht schon empfangen hat. Um in aller Phänomenalität zur Erscheinung zu kommen, verweist die so empfangene Gabe auf keine andere Ursache und auf keinen anderen Grund als ihre reine Gegebenheit. Dadurch, dass sie also weder ihren Empfänger noch ihren Geber voraussetzt, kommt sie von ihrer eigenen Möglichkeit her, so wie sie sich diese ursprünglich selbst gibt: sie zeigt sich an sich, weil sie sich an sich gibt.[12]

Zum Abschluss dieser noch inchoativen Beschreibung können wir als Ergebnis skizzenhaft festhalten: Wenn man in aller Konsequenz daran geht, die Gabe auf die Gegebenheit zu reduzieren, gibt sie sich allein von sich selbst her; nicht nur kann sie beschrieben werden, indem man entweder ihren Empfänger oder ihren Geber oder ihre Gegenständlichkeit in Klammern setzt, sondern vor allem ruft sie diese unter den beiden Gesichtspunkten ihrer eigenen Phänomenalität erst hervor, nämlich der Gebbarkeit und Annehmbarkeit. Die reduzierte Gabe ereignet sich also ohne Grund, der zureichend wäre, ihr Rechnung zu tragen, und ohne Ursache außer ihrer selbst; nicht weil sie sich selbst gegenüber Rechenschaft ablegte, sondern weil sie sich selbst rechtfertigt und begründet, indem sie sich an sich und durch sich selbst (er-)gibt. Sie (er-)gibt sich nämlich in mehrfacher Hinsicht. Sie (er-)gibt sich, indem sie sich ihrem Empfänger überlässt, um ihm das Annehmen zu ermöglichen. Sie (er-)gibt sich auch ihrem Geber, indem sie sich ihm zur Verfügung stellt, um ihm das Geben zu ermöglichen. Sie (er-)gibt sich schließlich sich selbst, indem sie sich genau dadurch vollendet, dass sie sich rückhaltlos hergibt als aufgegebene Gabe und ohne Wiederkehr in alle Winde verstreut als reine Gabe, die bei aller Unmöglichkeit möglich ist. So vollendet die redu-

---

[12] Mit Barthes könnte man diese Gabe, die sich von sich aus aufdrängt, gegeben und empfangen zu werden, als *anbetungswürdig* bezeichnen, denn: »*Anbetungswürdig* soll heißen: das ist meine Begierde, soweit sie je einzelne Begierde ist: ›Das ist es! Genau das ist es (was ich liebe)!‹ Dennoch, je deutlicher ich die Besonderheit meiner Begierde erlebe, umso weniger kann ich sie benennen; der Präzision der Zielscheibe entspricht ein zitterndes Schwanken des Namens; das Eigentümliche der Begierde kann nur die Uneigentlichkeit der Aussage hervorbringen. Von diesem sprachlichen Mißlingen bleibt lediglich eine Spur erhalten: das Wort ›anbetungswürdig‹ (die treffende Übersetzung von ›anbetungswürdig‹ wäre das lateinische *ipse:* er ist es, er selbst, in Person)«, *(Fragmente einer Sprache der Liebe*, übersetzt von Hans-Horst Henschen, Frankfurt am Main 1988, 39 f.). Tatsächlich kommen die Ipseität und das reine Selbst dieses Phänomens – das, was es zu lieben, also zu empfangen, also zu geben gilt – ihm vielleicht von daher zu, dass sie sich eben gerade von meiner Begierde und dessen Sprache befreien, die von diesem Anbetungswürdigen nur flammendes Licht erblicken, nur ein leuchtendes Objekt der dunklen Begierde.

zierte Gabe das *Selbst* des nun vollständigen Phänomens: Was erscheint, erscheint als das, was sich zeigt (Heidegger). Aber was sich zeigt, kann sich seinerseits nur an sich zeigen, also zunächst von sich selbst her. Und von sich selbst her kann es sich wiederum nur zeigen, wenn es sich dadurch zeigt, dass es sein Selbst ins Spiel bringt, d. h. wenn es sich an sich gibt. Ein Phänomen zeigt sich nur an sich, wenn es sich von *sich* gibt.[13] Und sich zu geben bedeutet hier, sich ohne Rest und Rückhalt in die Sichtbarkeit zu begeben, ohne Maß oder Bedingung, ohne Ursache oder Grund. Wie das rechte Maß der Gegebenheit besteht der gute Grund zu erscheinen darin, weder Maß noch Grund zu haben. Die Gabe gibt sich von selbst, ohne irgendetwas von einer anderweitigen Möglichkeit (etwa derjenigen, mit der die Vernunft des zureichenden Grundes so sparsam kalkuliert) zu entlehnen, d. h. sie gibt sich ohne andere Möglichkeit als ihre eigene. Weder um sich zu geben noch um sich zu zeigen, wie sie sich gibt, fordert die auf die Gegebenheit reduzierte Gabe ein (Sonder-)Recht ein. Möglichkeit verlangt sie nicht ab, sondern verleiht sie allem – ausgehend von jener, die sich durch sie allein eröffnet.

5. Die Gabe ohne das Prinzip des zureichenden Grundes

Daraus folgt, dass die Gabe, wenn sie sich über die metaphysische Forderung nach einer Ursache oder einem Grund hinwegsetzt, sich nicht nur nicht eines Rationalitätsdefizits schuldig bekennen muss, sondern dass sie ganz im Gegenteil die enge *ratio reddenda* der Metaphysik zu einer »höheren Vernunft« bringen könnte. Könnte die Gabe nicht gar die nicht-metaphysische Gestalt von Möglichkeit *par excellence* darstellen und könnte die Möglichkeit, die »höher steht als die Wirklichkeit«, sich nicht in erster Linie als Gabe eröffnen? Anders gesagt: Wenn das Phänomen *sensu stricto* sich an sich und von sich selbst her zeigt, plötzlich auftaucht aus einer Möglichkeit heraus, die ganz seine eigene ist, böte sich dann nicht die Gabe an als Paradigma von Phänomenalität, als das Phänomen aller Phänomene?[14]

---

[13] Zum Übergang von »sich zeigen« zu »sich geben« vgl. *Etant donné*, §6, a. a. O., 100 f.

[14] Eine beiläufige Bemerkung von Barthes erhielte so ihre ganze Tragweite: »Die Gabe offenbart also die Kraftprobe, deren Instrument sie ist« *(Fragmente einer Sprache der Liebe*, a. a. O., 263; Übersetzung modifiziert).

Dass die reduzierte Gabe und das Phänomen als reines Gegebenes von keiner anderen Ursache und keinem anderen Grund herrühren, sondern nur von sich selbst, bedeutet nicht, dass es ihnen an Rationalität fehlt oder sie es nicht zur Strenge des Begriffs bringen: es ist nämlich nicht ausgemacht, dass die höchste Rationalitätsstufe eines Phänomens sich über die Notwendigkeit definiert, vor einer anderen Instanz als sich selbst über seine Phänomenalität Rechenschaft zu geben. Im Gegenteil, es wäre möglich, dass eine solche Form von Vernünftigkeit – die metaphysische Gestalt heteronomer Vernunft – die Phänomenalität aller Phänomene in einem Maße kompromittiert oder gar ausstreicht, dass in diesen Zeiten des Nihilismus nur noch jene Phänomene in vollem Licht erstrahlen können, deren intuitive Sättigung sie dem beherrschenden Einfluss des Satzes vom Grund entzieht. Den Primat des Satzes vom Grund über das Phänomen zu bestreiten oder, was auf das gleiche hinausläuft, den Vorrang der Ökonomie über die Gabe, ist überhaupt kein sinnloses Unterfangen, da ja beide in ihren jeweiligen Artikulationsformen *expressis verbis* einen grundsätzlichen Widerspruch formulieren, gerade gegenüber der Gegebenheit. – Erstens, die Ökonomie: Sie gründet sich auf den Tausch, dessen Gleichheit und Gerechtigkeit sie einfordert, welche sich ja selbst wie folgt definiert: »Der der Gerechtigkeit wesentliche Akt besteht darin, einem jeden das Seine zu geben *(reddere)*«[15] (Thomas von Aquin). Aber was heißt hier *reddere*, wenn nicht wiederzugeben *(rendre)* oder zurückzugeben *(re-donner)*, also zunächst einmal zu geben? Die Gerechtigkeit bestünde also darin, jedem zu geben (vielleicht auch, aber nicht unbedingt, im Gegenzug), was man ihm schuldig ist; dann aber basiert die Gerechtigkeit nicht mehr auf dem Tausch, da sich der Tausch hier ja selbst als ein (übrigens nicht so wertvoller) Spezialfall der Gabe versteht! Im Gegenteil, wie der Tausch setzte die Gerechtigkeit eine ursprüngliche (obgleich verborgene) Intervention der Gabe selbst voraus. Die ökonomische Vernunft des Tausches und der Gerechtigkeit wäre eine Implikation der Gabe – und nicht umgekehrt? So wenig wie die Ökonomie die Gabe reduzierte, reduzierte sie sich auf diese, sondern die Ökonomie entwickelte sich zweifellos aus der Gabe, durch deren Simplifizierung

---

[15] »Proprius justitiae actus est unicuique quod suum est *reddere*« (*Summa Theologiae*, II-II, q. 58, a. 11, c.); dieser Text verweist auf Aristoteles, *Nikomachische Ethik*, Buch 5, der diese Formel aber nicht wortwörtlich verwendet.

und Neutralisierung. Kurz, die Ökonomie verlangte nach der Gabe als ihrem wahren Vernunftgrund.

Verhält es sich ebenso mit dem Satz vom Grund? Man darf es vermuten, da ja Leibniz nicht müde wird, dieses vermeintlich »große metaphysische Prinzip« darauf zu gründen, dass es sich in ähnlicher Weise dem *reddere* ergibt: »Das große Axiom / Nichts ist ohne Grund / Oder, was dasselbe ist, daß nichts existiert, worüber man (zumindest ein Allwissender) nicht Rechenschaft geben *(reddi)* kann, indem man den Vernunftgrund angibt, warum es vielmehr ist, als nicht ist, und vielmehr so ist als anders.«[16] Über alles kann die Vernunft Rechenschaft geben, aber wie will sie darüber Rechenschaft geben, dass sie eben diese Rechenschaft auch *geben* muss? Wenn der Satz vom Grund in seiner Evidenz nichts zu befürchten hat von Versuchen, die ihn beispielsweise dem Satz vom Widerspruch oder dem Prinzip der Identität zu unterwerfen bestrebt sind, und wenn er auch den quietistischen Anmaßungen der Unentgeltlichkeit oder den empiristischen Verdächtigungen des Indeterminismus widerstehen kann, so wankt er doch vor dem ihm immanenten *reddere*. Denn etwas kann nur dann einen zureichenden Grund haben, wenn ein Geist (in diesem Fall kontingenter Aussagen ein allwissender Geist) darüber Rechenschaft geben *(rendre)* kann. Aber Rechenschaft zu geben *(rationem reddere, rendre raison)* impliziert, dass man sie zurückgibt *(re-dare, re-donner)*, dass man sie im Gegenzug gibt, also im Wesentlichen, dass man sie gibt. Das französische *rendre* stammt nämlich vom vulgärlateinischen **rendere* ab, welches wiederum über eine Angleichung an *prendre* aus *reddere* gebildet wurde.[17] *Rendre*

---

[16] »Axioma magnum / Nihil est sine ratione / Sive, quod idem est, nihil existit quin aliqua ratio *reddi* possit (saltem ab omniscio) cur sit potius quam non sit et cur sic sit potius quam aliter« (*Elementa verae pietatis* [1677/78], in: Leibniz, ed. G. Grua, *Textes inédits*, Paris 1943[1], 1999[2], 13); vgl. u. a. auch: »Principium omnis ratiocinationis primarium est, nihil esse aut fieri, quin ratio *reddi* possit, saltem ab omniscio, cur sit potius quam non sit, aut cur sic potius quam aliter, paucis omnium rationem *reddi* posse« (ebd., 25); oder: »Principium *reddendae* rationis, quod scilicet omnis propositio vera, quae per se nota non est, probationem recipit a priori, sive quod omnis veritatis ratio *reddi* potest, ut vulgo ajiunt, quod nihil fit sine ratione« (*Specimen inventorum de admirandis naturae generalis arcanis*, in: *Die Philosophischen Schriften*, ed. Gerhardt, Bd. VII, 309).

[17] Vgl. O. Bloch/W. von Wartburg, *Dictionnaire étymologique de la langue française*, Paris 1932[1], 1989[8], 546; A. Ernout, *Morphologie historique du latin*, §207, Paris 1953[3], 136; und Antonio Maria Martin Rodriguez, *Los verbos de ›dar‹ en latin arcaico y clasico*, Université de Las Palmas, Gran Canaria 1999 *(ad loc.)*. Dies findet Bestäti-

raison könnte man letztlich vielleicht auch im Sinne einer Re-Präsentation (Heidegger) übersetzen; doch diese ersetzt nicht die Gegebenheit, von der sie herrührt und von der sie erst als eine der von ihr abgeleiteten Operationen ermöglicht wird. Dass man auch die Rechenschaft geben, dass man gerade den (zureichenden) Grund (an-) geben muss, der doch der Gabe so fremd bleibt, lässt sich offensichtlich nicht mehr rechtfertigen über das Prinzip der *ratio reddenda*, die hier nichts mehr vermag. Wenn man auch die Rechenschaft geben und gerade den Vernunftgrund (an-)geben muss, dann beruht die Vernunft des zureichenden Grundes also auf der Gabe und nicht auf sich selbst. Weil diese andere, »höhere Vernunft« der Gabe erforderlich ist, damit auf der Ebene der Vernunftgründe Rechenschaft gegeben werden kann, ist diese niedere Vernunft niemals zureichend, um Rechenschaft zu geben, da sie ja nicht zu geben weiß. Also kann nur eine Gabe sie geben. Der Vernunftgrund wird erst und nur dann zureichend, wenn eine (auf die Gegebenheit reduzierte) Gabe ihn der Vernunft (zurück-)gibt. Die Vernunft ist ebenso wenig zureichend, sich selbst zu denken, wie es ihr nicht gelang, die Gabe zu denken. Kurz, wenn man der Vernunft ihre Gründe (zurück-)geben muss, bedeutet dies, dass die *ratio* an sich selbst immer zweitrangig bleibt und wie abgeleitet von einer ursprünglicheren Instanz – der Gegebenheit, welche die Vernunft in die Lage versetzt, sich geltend zu machen als letztgültiger Grund. Viel innerlicher, als der Tausch die Gabe beherrscht, ist die *ratio reddenda* von der Gegebenheit bestimmt, weil kein Grund der Vernunft sich von der Notwendigkeit befreien kann, dass man ihn gibt, d. h. weil er darauf angewiesen bleibt, dass eine ihm vorausgehende Gabe ihn in Szene setzt. Einzig die Gabe bringt die Vernunft zur Vernunft, denn nur sie ist zureichend, um Grund zu geben. Dieses Mal erwartet die Gabe nicht mehr ihr gutes Recht von der Vernunft, sondern rechtfertigt im Gegenteil die Vernunft, weil sie der Vernunft vorausgeht wie eine »höhere Vernunft«.

Einzig die Gabe gibt Grund und gibt der Vernunft ihren Grund. So weist sie das zweite Prinzip der Metaphysik ebenso ab, wie sie dem ersten widersprach. Wie ist dieses Privileg der Gabe, nicht zur Metaphysik zu gehören, genauer zu verstehen und wie ließe es sich aus-

gung durch V. Carraud, der diesen grundlegenden Sinngehalt (»donner la raison«, *ratio reddenda/ratio reddita,* etc.) selbst in den Formulierungen der Geschichte der Metaphysik ausfindig macht *(Causa sive ratio. La raison de la cause de Suarez à Leibniz,* Paris 2002, 27 f., 436, 462, 492, etc.).

weiten auf die Phänomenalität im Allgemeinen? Die Gabe gibt Grund und gründet den Grund selbst, anders gesagt, sie verleiht der Vernunft und ihren Gründen volle Gültigkeit, weil sie sich selbst begründet und rechtfertigt, bedingungslos und ausnahmslos. Denn was die Gabe zur Gabe macht, ist gerade dies, dass sie niemals Unrecht und immer Recht hat: So wie die Gabe von keiner Pflicht und Schuldigkeit abhängig ist, erscheint sie niemals unbegründet oder ungerechtfertigt. Da sie immer ungeschuldet ist und keine Voraussetzung hat (nicht einmal die Gerechtigkeit der Gleichheit, auch nicht die Gleichheit des Tausches), keine apriorische Bedingung ihrer Möglichkeit, und auch sonst nichts nötig hat, gibt (sich) die Gabe in völliger Freiheit. Da sie stets unverhofft und unversehens kommt, als Zugabe, und ohne eine Bilanz zu belasten, kann man sie niemals zurückweisen oder ablehnen; oder wenn man sie zurückweist (und wir haben ja gesehen, dass dies oft möglich ist), so kann man sie aber eben nicht mit Grund zurückweisen und ihr vor allem nicht das Recht absprechen, sich zu geben, da sie sich ja kostenlos und unentgeltlich gibt, ohne Ansprüche oder Bedingungen zu stellen. Dadurch, dass sie immer als Zugabe kommt, braucht und nimmt die Gabe nichts: Niemandem nimmt sie etwas weg. Die Gabe tut niemals etwas Unrechtes, weil sie niemals Unrecht hat. Und da sie niemals Unrecht hat, hat sie immer Recht. Sie legt also ihre Rechenschaft ab zugleich mit sich selbst – Rechenschaft, die sie gibt, indem sie sich gibt, und durch nichts legitimiert als durch ihr eigenes Kommen. Die Gabe fällt mit ihrem Grund zusammen, da ihr ihre bloße Gegebenheit als Grund zureicht. Als sich selbst zureichend begründender Grund gibt sich die Gabe Recht, indem sie sich gibt.

Aber verhält es sich nicht generell genauso mit dem Phänomen als solchem, wenigstens vorausgesetzt, dass es sich an sich und von sich selbst her zeigt, weil es sich in einer vollendeten Gegebenheit gibt (gemäß der Anamorphose, der Ankünftigkeit, der vollendeten Tatsache, der Inzidenz und der Ereignishaftigkeit)?[18] Verhält es sich nicht in noch klarerer Weise so, wenn man die gesättigten Phänomene in Betrachtung zieht (das Ereignis, das Idol, der fleischgewordene Leib und die Ikone oder das Antlitz)?[19] Wenn das Phänomen sich an

---

[18] Zu den Bestimmungen des Phänomens als reinem Gegebenen vgl. *Etant donné*, a.a.O., Buch III.

[19] Zur Analyse der gesättigten Phänomene vgl. *Etant donné*, a.a.O., §§ 21–23 sowie *De surcroît*, a.a.O. (passim).

sich und von sich selbst her zeigt, kann es dies nur dadurch, dass es sich gibt, d. h. dass es sich ereignet ohne irgendeine andere Bedingung als die Souveränität seiner eigenen Möglichkeit. Es zeigt sich, indem es in die Sichtbarkeit drängt, ohne Ursache oder Prinzip, die ihm vorausgingen (denn sollte sich ein Prinzip oder eine Ursache finden, so könnten sie nur nach seinem Kommen kommen und *a posteriori* rekonstituiert werden). Übrigens, es zeigt sich nicht einfach im Sichtbaren, das in seinem Horizont definitiv *(ne varietur)* beschlossen ist, sondern es fügt sich dem Sichtbaren hinzu, weil es ihm ein neues Sichtbares hinzufügt, das bis dato ungesehen geblieben war und es ohne dieses unvorhergesehene Ereignis auch geblieben wäre. Nach Maßgabe seiner neuen Dimensionen redefiniert es also den Horizont und schiebt dessen Grenzen hinaus. Das Phänomen hat niemals Unrecht, sondern ist immer im Recht einer Vernunft, die mit seiner Gabe erscheint – seinem einzigen und intrinsischen Grund.

Aus dem Französischen
von Christian Rößner und Martin Hähnel

Emilie Tardivel

Macht und Gemeinwohl.
Eine nicht-theologisch-politische Lesart
von *Röm* 13,1

»Du hättest keine Macht (ἐξουσίαν) über mich, wenn
es dir nicht von oben gegeben wäre«.

Joh 19,11

»Es ist keine (staatliche) Macht (ἐξουσία) außer von Gott« (*Röm*
13,1)[1]. Das rechtliche und politische Denken hat es nicht versäumt,
in dieser Behauptung des Paulus (der hier das Wort Christi vor dem
kaiserlichen Richter aufgreift und verallgemeinert) die Quelle eines
christlichen theologisch-politischen Modells zu sehen, bzw. sogar
jedes theologisch-politischen Modells, das notwendigerweise eine
»undemokratische« politische Lehre impliziert und allein auf das
Gut der Diener des Willens Gottes ausgerichtet ist. Schmitts *Verfassungslehre* ist dafür ein berühmtes Beispiel: »[…] die Berufung auf
den Willen Gottes [enthält] ein Moment undemokratischer Transzendenz«[2], erklärt der deutsche Jurist, um dann zu behaupten, dass
dieser Widerspruch zwischen dem Willen Gottes und dem Willen des
Volkes sich dennoch auflöst, in dem, was er die »substanzielle Homogenität des eigenen Volkes«[3] nennt. Als wäre *Röm* 13,1 nur dann mit
einer demokratischen Theorie zu vereinbaren, wenn die rassischen
Unterschiede wieder eingeführt würden, die in und durch Christus
in Klammern gesetzt sind: »Darin gibt es keinen Unterschied zwischen Juden und Griechen. Alle haben denselben Herrn; aus seinem
Reichtum beschenkt er alle, die ihn anrufen.« (*Röm* 10,12)[4] Schmitts

---

[1] Die Übersetzung ist hier um der Wörtlichkeit willen der revidierten Fassung der
Elberfelder Bibel entnommen. Die sonstigen Bibelzitate sind der Einheitsübersetzung
entnommen.

[2] Carl Schmitt, *Verfassungslehre*, Berlin 1928, 238.

[3] Ebd., 238.

[4] Ebenso heißt es bei Justin: »Hassten und mordeten wir einander und hielten wir mit
denen, die nicht unseres Stammes sind, wegen der verschiedenen Stammesgewohnheiten nicht einmal Herdgemeinschaft, so leben wir jetzt nach Christi Erscheinen als

These ist daher von einem christlichen Standpunkt aus völlig unzulässig. Aber damit ist das Problem einer undemokratischen Transzendenz in *Röm* 13,1 noch lange nicht beseitigt. Kelsen beharrt auf demselben Aspekt, wenn er, um seine Kritik am Naturrecht abzustützen, sagt, dass das Christentum im Ausgang von Paulus »eine Ideologie zur Stützung, Rechtfertigung, Verabsolutierung des positiven Rechts oder – was dasselbe ist – der staatlichen Autorität«[5] geschaffen habe. *Röm* 13,1 wäre so gesehen die Grundlage einer rechtlich-politischen Lehre, die dazu bestimmt ist, die etablierte Ordnung theologisch und daher absolut zu rechtfertigen. Man könnte dafür eine Bestätigung in *Röm* 13,5 finden, wo Paulus die Christen zu einer extremen Loyalität gegenüber der Macht ermahnt, unabhängig von deren Natur oder ihren Gesetzen. Der Apostel erklärt: »Deshalb ist es notwendig, Gehorsam zu leisten, nicht allein aus Furcht vor der Strafe, sondern vor allem um des Gewissens willen.« Dieser notwendige Gehorsam der Macht gegenüber, selbst der korrumpiertesten, findet seine Fortsetzung nicht zuletzt im Gottesstaat, wo Augustinus diese Aufforderung ebenfalls befürwortet, die die Christen würdig machen soll für den »himmlischen Staate [...], in dem Gottes Wille Gesetz ist«.[6]

Man könnte nichtsdestotrotz einige Argumente gegen diese theologisch-politische Interpretation des Christentums bzw. gegen

---

Tischgenossen zusammen.« Justin, *Apologie* I,14,3. (Vom Autor modifizierte Übersetzung aus: *Bibliothek der Kirchenväter Bd. 1, Frühchristliche Apologeten. Und Märtyrerakten*, Kempten/München 1932, 78).

[5] Hans Kelsen, »Die philosophischen Grundlagen der Naturrechtslehre und des Rechtspositivismus«, 256. In: *Die Wiener Rechtstheoretische Schule. Schriften von Hans Kelsen, Adolf Merkl, Alfred Verdross*, Bd. 2, hrsg. v. H. R. Klecatski, R. Marcic, H. Schambeck, Wien 2010, 231–288. Diese Passage ist in Zusammenhang zu bringen mit der entscheidenden Rolle, die Kelsen Paulus zuschreibt, für die Änderung der Haltung der Christen gegenüber dem Staat. Ebd., 284–285.

[6] »So sollen denn die Diener Christi (siehe *Röm* 13,1–7), seien es Könige, Fürsten, Richter oder Soldaten und Leute aus der Provinz, seien es Reiche oder Arme, Freie oder Knechte, männlichen oder weiblichen Geschlechts, auch den schlechtesten, wenn's not tut, und verbrecherischsten Staat *(flagitiosissimamque rempublicam)* ertragen *(tolerare)* und durch solche Geduld *(tolerantia)* sich einen herrlichen Platz in jener hochheiligen und erhabenen Engelversammlung und dem himmlischen Staate *(coelestique republica)* bereiten, in dem Gottes Wille Gesetz ist.« *Vom Gottesstaat* II, 19 (Übersetzung hier und im Folgenden aus Aurelius Augustinus, *Vom Gottesstaat (De civitate Dei)*, vollständige Ausgabe in einem Band, aus dem Lateinischen übertragen von Wilhelm Thimme, eingeleitet und kommentiert von Carl Andresen, München 2007, hier: 88).

jede theologisch-politische Interpretation des Christentums überhaupt formulieren. Das erste besteht darin, Paulus' Behauptung (*Röm* 13,1) und ihre Lesart durch die Kirchenväter in ihren Kontext zurückzuversetzen. Beschränken wir uns hier auf einige apologetische Texte des 2. und 5. Jahrhunderts nach Christus, die für die Behandlung der Frage entscheidend zu sein scheinen, ebenso auf Grund ihrer historischen Situation wie auf Grund ihres Inhalts und ihrer Übereinstimmung, die sich zu einer Art fortschreitender Systematisierung der rechtlich-politischen Position des Christentums entfaltet: Der *An Diognet*, die *Apologie* des Justin, das *Apologeticum* des Tertullian und Augustinus' *Gottesstaat*. Angesichts des allgemeinen Kontexts muss man sofort betonen, dass der im strengen Sinn rechtlich-politische Gegenstand dieser Texte das Anliegen ist, das Christentum von den ihm zur Last gelegten Verbrechen reinzuwaschen. Was die öffentlichen Verbrechen betrifft, für die wir uns hier allein interessieren, handelt es sich zumindest in den drei ersten Texten um das Verbrechen der Majestätsbeleidigung und Verbrechen gegen die Religion, welche im Kontext des von Augustus im Jahr 27 vor Christus eingeführten römischen Prinzipats mehr oder weniger zusammenfallen. Der Kaiser ist nämlich nicht einfach der Inhaber der *potestas;* er ist auch der Inhaber der *auctoritas*, der Fähigkeit zur Initiierung und Ratifizierung jeder öffentlichen Tat, was bis dahin dem Senat der Republik vorbehalten war. Wie Hervé Oudart unter Berufung auf das Werk von André Magdelain *Auctoritas principis* (1947) sagt, bringt die Zuerkennung der *auctoritas* durch den Senat an Octavian, dem der Titel Augustus verliehen wird, »>ein allgemeines Prinzip der Verehrung zum Ausdruck« und ist Teil der Sphäre des Religiösen. Sie [diese Zuerkennung] suggeriert die Nähe des Octavian zu den Göttern der Stadt.«[7] Im Kontext des römischen Prinzipats zu erklären, *Non est potestas nisi a Deo*[8], läuft deswegen darauf hinaus, dem Kaiser die *auctoritas* zu entziehen, nicht um sie dem Senat zurückzugeben, sondern um sie Gott zu geben. *Röm* 13,1 lässt sich

---

[7] H. Oudart, J.-M. Picard et J. Quaghebeur, *Le prince, son peuple et le bien commun. De l'Antiquité tardive à la fin du Moyen-Âge*, Rennes, PUR, 2013, S. 10. Siehe auch: A. Magdelain, *Auctoritas principis*, Paris, Les Belles Lettres, 1947, S. 60–61.

[8] Oder genauer: »Non est enim potestas nisi a Deo«. Wir übernehmen hier die Übersetzung von *Röm* 13,1 aus der Vulgata, die den Ausdruck »ἐξουσία« mit »potestas« wiedergibt, also mit »Macht«, nicht mit »Autorität«. Wir werden uns an diese Übersetzung aus der Vulgata halten, ohne auf die zeitgenössischen exegetischen Debatten einzugehen, insofern wir hier die historische Rezeption von *Röm* 13,1 behandeln.

nur mit Bezug auf *Röm* 13,7 verstehen, wo Paulus, im Gleichklang mit *Mt* 22,21 schreibt: »Gebt allen, was ihr ihnen schuldig seid.« Gebt dem Kaiser die *potestas*, und gebt Gott die *auctoritas*. Es handelt sich hier sicherlich um ein Prinzip des Naturrechts, aber seine Funktion besteht klarerweise nicht darin, »die staatliche Autorität« zu rechtfertigen, wie Kelsen meint.

Kann man also im Gegensatz dazu den wahrhaft revolutionären Charakter von *Röm* 13,1 behaupten? Wenn es unbestreitbar ist, dass man den Christen im Rahmen des römischen Prinzipats Majestätsbeleidigung und Verbrechen gegen die Religion vorwerfen kann, verfechten sie insofern nicht eine konkurrierende rechtlich-politische Lehre, deren Ziel die Errichtung eines »christlichen Staates« ist? Eines der offensichtlichsten Argumente gegen eine solche umgekehrte Interpretation von *Röm* 13,1 ist schon genannt worden: Paulus ermuntert die Christen in *Röm* 13,5 keineswegs zur Rebellion, sondern ganz im Gegenteil ermahnt er sie dazu, sich der Macht zu unterwerfen, gleich von welcher Natur diese ist, und gleich welche ihre Gesetze sind, *mögen diese nun christlich sein oder nicht*. Im Kontext der Christenverfolgungen des 2. Jahrhunderts nach Christus wird die Aufnahme dieser Ermahnung zur Unterwerfung bis zum Martyrium in den Apologien des Justin und des Tertullian anschaulich. Beide bestätigen vollständig die Worte des *An Diognet* über die äußerst staatsbürgerliche Haltung der Christen: »Sie gehorchen den erlassenen Gesetzen, und mit der eigenen Lebensweise siegen sie über die Gesetze.«[9] Das ist derselbe Gedanke, den man auch – gegen jeden politischen Augustinismus – im 2. Buch des *Gottesstaats* findet, wo Augustinus, wie gesehen, zur Geduld aufruft, sogar gegenüber der korrumpiertesten Macht, und nicht etwa zur »Aufnahme des Zeitlichen in das Geistliche«[10]. *Wenn die Christen die Vergötzung der Macht kritisieren – das heißt deren Selbst-Gründung in der Identifikation der* potestas *mit der* auctoritas –, *so weisen sie dennoch nicht deren Autonomie zurück.* Die eigentliche rechtlich-politische Posi-

---

[9] *An Diognet* V,10. (Übersetzung aus: *An Diognet*, übersetzt und erklärt von Horacio E. Lona, Freiburg i. B. 2001, 152).

[10] H.-X. Arquillière, *L'augustinisme politique. Essai sur la formation des théories politiques du Moyen-Âge*, Paris 1955, 34. Was das Lob der christlichen Kaiser, speziell Konstantins, betrifft, das man zu häufig Augustinus zugeschrieben hat, siehe den definitiven Artikel von Jean-Marie Salamito, »Constantin vu par Augustin. Pour une relecture de *Civ.* 5, 25«, in: *Costantino prima a dopo Constantino*, Bari, Edipuglia, 2012, 549–562.

tion des Christentums besteht darin, weder in die Konkurrenz noch in die Rechtfertigung zu kippen, und diese Position – die man mit Bezug auf den *An Diognet* V,4 im engeren Sinne »paradox«[11] nennen muss – manifestiert sich in der Forderung nach einer zeitlichen Macht, die autonom ist, aber nicht selbst-begründend. *Röm* 13,1 drückt diese doppelte Forderung nach Autonomie und Offenheit für eine »absolute Transzendenz«[12] aus, die denen, die über die zeitliche Macht verfügen, verbietet, diese in Besitz zu nehmen. Die Bezugnahme auf den Willen Gottes hat daher hier nichts undemokratisches, wenn man im Anschluss an Lefort bedenkt, dass die Unmöglichkeit, die Macht in Besitz zu nehmen, selbst die Bedingung für die Demokratie ist[13]. *Röm* 13,1 erklärt die Macht als prinzipiell unbesitzbar, weil auf eine Autorität gegründet, die sie absolut transzendiert, und erhält sie in ihrer Ausrichtung auf das, was ihr eigentliches Ziel ist: das Gut *aller*.

---

[11] *À Diognète* V,4 (151, Übersetzung modifiziert): »Obwohl sie [die Christen] griechische und barbarische Städte bewohnen, wie es einen jeden traf, und den landesüblichen Sitten in Kleidung und Speise und im sonstigen Leben folgen, zeigen sie die erstaunliche und anerkanntermaßen paradoxe (παράδοξον) Beschaffenheit ihrer Lebensweise (πολιτεία).«

[12] Wir sprechen hier von »absoluter Transzendenz« nicht im Sinn einer Transzendenz, die im Staat nicht wirksam wäre, sondern im Sinn einer Transzendenz, die sich nicht auf die interne Logik des Staats reduzieren lässt, welche immer dazu tendiert, die *potestas* und die *auctoritas* zu identifizieren und so der Vergötzung der Macht zu verfallen.

[13] Claude Lefort, *Essais sur le politique. XIXe-XXe siècles*, Paris 2001, 28 ff. Was unsere Lesart von *Röm* 13,1 betrifft, so versucht sie einen Ausweg zu finden aus einer doppelten Aporie der exegetischen Literatur, die entweder eine völlig politische Interpretation oder eine völlig unpolitische Interpretation verficht. Für einen Überblick über diese exegetische Literatur siehe J.-N. Alettis Artikel »Paul et les autorités politiques. À propos de *Rm* 13, 1–7«, in: *Le pouvoir. Enquêtes dans l'un et l'autre Testament*, Paris 2012, 263–288. Wenn man auch J.-N. Alettis genereller Beurteilung der verschiedenen Interpretationen von *Röm* 13,1–7 zustimmen kann, so scheint seine Schlussfolgerung doch die spezifisch politische Bedeutung zu unterschätzen: »La visée du passage n'est ainsi ni d'élaborer une doctrine politique, ni de fonder la légitimité du pouvoir politique, ni de théoriser le rapport des croyants à l'État, ou encore de proposer aux chrétiens de prendre part activement à la vie politique. Elle est plus modeste mais pas moins exigeante: donner à entendre que si les chrétiens sont bien dans le monde et dans l'histoire, la motivation de leur agir est l'*agapè*, et que par elle doit advenir l'humanité nouvelle«. Ebd., 288. Wir denken dagegen: Auch wenn Paulus zwar nirgends eine politische Lehre entwickelt, noch die Legitimität politischer Macht begründet, so beschreibt er doch »le rapport des croyants à l'État« (das Verhältnis der Gläubigen zum Staat), bzw. genauer das Verhältnis der Christen zur zeitlichen Macht – ein Verhältnis, das nicht vergötzend ist und jede individuelle oder kollektive Inbesitznahme der Macht verbietet.

1. Die christliche Kritik der römischen Macht

1.1. Die res publica *gegen sich selbst*

Wenn die Behauptung *Non est potestas nisi a Deo* auch notwendigerweise eine Unterwerfung unter die Macht, ungeachtet ihrer Natur und ihrer Gesetze, impliziert, so bedeutet sie doch nicht die Abschaffung jedes kritischen Denkens. Ganz im Gegenteil, wie besonders die Apologien Justins und Tertullians bezeugen. Die Art, wie die Apologeten ihre kritische Argumentation entwickeln, kann allerdings überraschen. Weder für Justin noch für Tertullian geht es darum, gegen das römische Recht ein christliches Recht zu reklamieren. Die Idee eines natürlichen Gesetzes oder eines Naturrechts ist in den Apologien übrigens praktisch nicht vorhanden. Man findet nur ein einziges Vorkommen von »Gesetz der Natur (φύσεως νόμος)«[14] in der *Apologie* des Justin – aber keinen Beleg für Naturrecht – und ein einziges Vorkommen von »Recht der Natur *(ius naturae)*«[15] im *Apologeticum* des Tertullian – aber keinen Beleg für natürliches Gesetz. Zwar darf man selbstverständlich diese Belege nicht herunterspielen – selbst wenn es jeweils nur ein einziger ist. Aber ihre Anwendung ist entweder konform mit den römischen Gesetzen (im Fall der Frau, die in Justins *Apologie* ihrem untreuen Ehemann das *repudium* bekannt gibt[16]) oder konform mit der Staatsphilosophie (im Fall der gegen die Römer vorgetragenen Anklage einer stoischen Inspiration in Tertullians *Apologeticum*[17]). Die Bezugnahmen auf das natürliche Gesetz und auf das Naturrecht sind hier also keine Anzeichen für eine Lehre,

---

[14] *Apologie* II, 2, 4. (Übersetzung hier und im Folgenden aus: *Bibliothek der Kirchenväter Bd. 1. Frühchristliche Apologeten. Und Märtyrerakten*, Kempten 1913, hier: 86/140).

[15] *Apologeticum* XXXIX, 8. (Übersetzung hier und im Folgenden entnommen aus: *Bibliothek der Kirchenväter Bd. 2. Tertullians Apologetische/Dogmatische und Montanistische Schriften*, übersetzt und mit Einleitungen versehen von Heinrich Kellner, hier: 144/490).

[16] *Apologie* II, 2, 4: »Denn da die Frau es für Sünde hielt, fürderhin mit einem Manne das Lager zu teilen, der gegen das Gesetz der Natur (φύσεως νόμον) und gegen alles Recht (δίκαιον) auf jede Weise seine Wollust zu befriedigen suchte, wollte sie sich vom Ehebande trennen.« (86/140).

[17] *Apologeticum* XXXIX, 8: »Was aber die Bezeichnung Bruder angeht, so sind wir sogar auch eure Brüder nach dem Rechte der Natur, die unsere gemeinsame Mutter ist, wenn auch ihr nicht einmal ganze Menschen seid, weil ihr böse Brüder seid.« (144/490).

die in Konkurrenz zur rechtlich-politischen Ordnung treten würde. Die Kritik der Apologeten besteht vielmehr darin, den Römern zu zeigen, dass diese im Widerspruch zu ihren eigenen rechtlich-politischen Grundsätzen handeln. *Ihre Kritik ist vor allem eine interne Kritik, die das positive römische Recht von ihm selbst aus beurteilt, nicht von einem christlichen Naturrecht aus.* Die Christen werden ohne gerichtliche Untersuchung und Verteidigung verurteilt, einfach aufgrund des Bekenntnisses zu einem Namen, von dem man zugleich will, dass sie ihm unter der Folter abschwören! In diesem Kontext geht es darum, die juristischen Praktiken der Römer gegenüber den Christen anzuprangern, und zwar gerade gemäß den Grundsätzen des römischen Rechts selbst, in erster Linie des Grundsatzes der Billigkeit im Verfahren: »Es müsste bei gleicher Schuldbarkeit doch auch die gleiche Behandlung eintreten«[18], erklärt Tertullian. Diese strikt juristische Kritik, genau genommen ist es eine Kritik der Rechtsprechung, ist deswegen besonders stark, weil sie die Ungerechtigkeit der Macht *aus der Perspektive des gesetzlichen Rechts* ans Licht bringt – des Rechts, dessen Garant, ja dessen vorzüglichster Garant, die Macht eigentlich sein sollte.[19] Die *Apologie* Justins und noch weniger das *Apologeticum* Tertullians setzen der Macht also eine Naturrechtslehre entgegen. Die Kritik vollzieht sich nach Art einer *juristischen Um-*

---

[18] *Apologeticum* II, 1. (41/387). Justin hatte in der *Apologie* bereits die gleichen Probleme aufgeworfen, jedoch ohne die juristische Systematik, die man bei Tertullian findet: *Apologie* I, 3, 2 (Verteidigung); I, 4, 1 (gerichtliche Untersuchung); I, 4, 6 (Folter).

[19] Mit Bezug vor allem auf Michel Villey könnte man jedoch einwenden, dass die Grundsätze des römischen Rechts und seine Auslegungsmethode stark von Aristoteles beeinflusst wurden, und so allein dadurch naturrechtliche Grundsätze enthalten, insbesondere das Prinzip der »Billigkeit« (ἐπιείκεια) (vgl. *Nikomachische Ethik* V, 14, 1137 a30). Die Billigkeit ist nämlich nicht das Gerechte gemäß dem Gesetz, sondern ein Korrektiv für das legale Recht. Daher ist das Prinzip der Billigkeit ein Prinzip des Naturrechts. Es ist dem positiven Recht übergeordnet, das es ermöglicht, dieses zu korrigieren. Das Prinzip der Billigkeit, gegen das die römische Macht verstößt, ist das Prinzip der *arithmetischen Proportionalität*, das zugleich Tauschgeschäfte und Streitfälle regelt: »Vielmehr sieht das Gesetz nur auf den Unterschied des Schadens, und es behandelt die Personen als Gleiche« (*Nikomachische Ethik* V, 7, 1132 a5). Dieser Einwand scheint aber im Zusammenhang der hier geführten Diskussion nicht gültig zu sein, weil *das Prinzip der Billigkeit integraler Bestandteil des positiven römischen Rechts ist*, so dass man Tertullian keinesfalls vorwerfen kann, er greife auf ein anderes Prinzip zurück als auf eines des positiven römischen Rechts. Für die Bezugnahme bei Michel Villey siehe besonders: *La formation de la pensée juridique moderne*, Paris 2009, 103 ff.

kehrung der Anklage, die die Form einer Selbst-Verurteilung der römischen Macht annimmt, einer Wendung der *res publica* gegen sich selbst.

1.2. *Die Nicht-Gründung der* potestas

Dass die *res publica* ihren eigenen Prinzipien nicht mehr genügt und sich so selbst widerspricht, ist bereits von Cicero in *De re publica* gezeigt worden: »Denn unsere eigenen Fehler, nicht irgendein Zufall, sind daran schuld, dass wir einen Staat nur noch dem Namen nach besitzen, der Sache nach aber längst verloren haben.«[20] Die christliche Kritik ist also weder eine externe noch eine alleinstehende Kritik. Sie kommt mit dem Urteil einer der herausragendsten Figuren der römischen Geschichte überein, deren Urteil sie aktualisiert bzw. radikalisiert. Dies ist explizit im *Gottesstaat* der Fall, wo Augustinus gewissermaßen die Darlegung Ciceros mit den Argumenten Tertullians fortführt. Augustinus erinnert im zweiten Buch zunächst an das Urteil Ciceros, um zu betonen, dass die Vernichtung der *res publica* nicht unbedingt der Abschaffung des traditionellen Kultes geschuldet ist. Warum haben nämlich zur Zeit des Cicero die Götter der Stadt die *res publica* nicht vor ihrem Verderben bewahrt, wenn die *res publica* ihnen ihre Gründung und ihren Erhalt verdankt? Cicero selbst bestreitet zwar den Nutzen der Religion für den Erhalt der *res publica* keineswegs; aber er führt ihn vorrangig auf etwas anderes zurück, nämlich auf das, was schon ihre Gründung ermöglichte: »Sitten und Männer von altem Schlage«[21]. Die *res publica* ist nicht auf die Götter der Stadt gegründet, sondern auf die Tugend der Römer, in erster Linie auf die Tugend der Gerechtigkeit. Deswegen ist die Tugend der Gerechtigkeit im Zentrum der ciceronischen Definition der *res publica*, als »die Sache des Volkes; Volk aber ist nicht jede beliebige Ansammlung von Menschen, sondern der Zusammenschluss einer

---

[20] *De re publica* V, 1 (Übersetzung hier und im Folgenden entnommen aus: Cicero, *De re publica/Vom Staat*. lateinisch/deutsch, übersetzt und herausgegeben von Michael von Albrecht, Stuttgart 2013, hier: 245).

[21] *De re publica* V, 1. (243). Was die Nützlichkeit der Religion betrifft, siehe die über Numa geäußerten Worte in *De re publica* II, 14: »Er [Numa] [schied] aus dem Leben, nachdem er zwei überragende Werte gestärkt hatte, die den Fortbestand des Staates *(res publica)* festigen: Gottesfurcht *(religio)* und Milde *(clementia)*.« (117)

Menge, die einvernehmlich eine Rechtsgemeinschaft *(iuris consensus)* bildet und durch gemeinsamen Nutzen *(utilitatis communio)* verbunden ist.«[22] Im 19. Buch des *Gottesstaats* macht Augustinus sich daran, das Urteil Ciceros zu radikalisieren, indem er zeigt, dass es gemäß dieser Definition der *res publica* »einen römischen Staat niemals gegeben hat«[23]. Wenn es die Gerechtigkeit ist, die jede *res publica* gründet, also jede einvernehmliche und durch einen gemeinsamen Nutzen verbundene Gemeinschaft, dann muss die Macht sie (die Gerechtigkeit) auch ausüben, wie sie ausgeübt werden muss, nämlich indem jedem das Seine zugeteilt wird.[24] Aber, so fragt Augustinus, »[w]as ist das aber für eine Gerechtigkeit unter Menschen, welche die Menschen selber dem wahren Gott entzieht und unreinen *(immundis)* Dämonen unterstützt? Heißt das, jedem das Seine geben?«[25] Augustinus prangert die Ungerechtigkeit der römischen Macht an, indem er den ciceronischen Begriff der Gerechtigkeit mit der Kritik Tertullians an den Göttern der Stadt als »unrein«, d. h. als nicht-existent, zusammenführt.[26] Die christliche Kritik der Ungerechtigkeit der römischen Macht wird so vertieft durch den Aufweis der Nicht-Gründung dieser Macht, insofern sie sich auf nicht-existierende Götter gründet. Diese Kritik der Nicht-Gründung der *potestas* vernichtet eine *res publica*, die sich als seit ihrer Gründung ohne Grund erweist.

---

[22] *De re publica* I, 25 (55).

[23] *Vom Gottesstaat* XIX, 21 (566).

[24] Das ist die Definition der Gerechtigkeit nach dem *Codex Iuris* I, 1, 10, die sich auf die Formulierung Ulpians stützt: Iustitia est constans et perpetua voluntas ius suum cuique tribuendi« (»Gerechtigkeit ist der beständige und andauernde Wille, jedem sein Recht zuzuteilen.«). Man findet diese Formulierung auch bei Cicero, der sie auf ihren griechischen Ursprung zurückführt, ohne in *De legibus* zu unterscheiden zwischen Gerechtigkeit und Gesetz, d. h. der gesetzlichen Gerechtigkeit: »Eamque rem [lex] illi Graeco putant nomine a suum cuique tribuendo appellatam« (»diese Sache [das Gesetz], glauben jene, sei mit griechischem Namen nach dem ›Jedem-das-Seine-Geben‹ geheißen worden.«) Siehe *De legibus* I, 19.

[25] *Vom Gottesstaat* XIX, 21 (567).

[26] Siehe Apologeticum XXIII f, für die Bestimmung der römischen Götter als »unreine Geister« *(immundi spiritus)* siehe besonders XXIII, 14 (114/460), und für die Konklusion XXIV, 1: »Denn wenn die Götter sicher nicht existieren, so hat auch ihre Religion keine Existenz, weil die Götter keine haben, so sind wir auch sicher der Verletzung der Religion nicht schuldig.« (S. 114/460)

2. Der christliche Grund für das Respektieren der Macht

2.1. Gott und die Unterscheidung der Ordnungen

Die christliche Kritik an der römischen Macht mündet in die Entlarvung deren *Mangels an Grund,* und noch weiter deren *Selbst-Gründung,* denn eine ungegründete Macht ist in Wahrheit eine Macht, die sich selbst gründet. Eine solche Kritik ist umso radikaler, als nach Arendt »im Zentrum römischer Politik, von dem Beginn der Republik fast bis zu dem Ende der Kaiserzeit [...] die Überzeugung von der Heiligkeit der *Gründung* [stand]«. Und Arendt präzisiert, indem sie Cicero zitiert, dass eine solche Heiligkeit sich vor allem in der Unterscheidung zwischen *potestas* und *auctoritas* äußert: »Diese Macht aber, die Verfügung über die Gewalt [...] kommt denen, die Autorität besitzen, gerade nicht zu; sie haben keine Macht: ›cum potestas in populo, auctoritas in senatu sit‹ (wie der Sitz der Macht im Volke, so liegt der Sitz der Autorität im Senat).«[27] Die *potestas* hat ihre *auctoritas* nicht von sich selbst, sondern von der *auctoritas* selbst. Diese Unterscheidung manifestiert die Heiligkeit der Gründung, deren Garant die *auctoritas* ist, indem sie die *potestas* in ihrer Existenz stärkt und vergrößert – gemäß der lateinischen Etymologie von *augere,* vergrößern. Arendt spricht jedoch nicht über den mit Augustus beginnenden Prozess der Identifikation von *potestas* und *auctoritas* in der Gestalt des Kaisers. Wie sie es auch versäumt, die christliche Kritik dieser Identifikation, die in *Non est potestas nisi a Deo* enthalten ist, zu analysieren. Gerade so, als ob die Römer das in ihrem Staat perfekt verwirklicht hätten, was sie in der Nachfolge der Griechen gedacht hatten: die Gründung einer *nicht-tyrannischen* Macht, anders gesagt einer Macht, *die sich nicht selbst gründet, sondern die gegründet ist auf eine höhere Autorität, die sie bestärkt und vergrößert.* Allerdings, wenn das wirklich der Fall gewesen wäre, hätte Justin es dann nötig gehabt, den Kaiser zu ermahnen, sich nicht leiten zu lassen »von Gewalttätigkeit und Willkür, sondern von Frömmigkeit und Wahrheitsliebe«[28]? Hätte Tertullian die Staatsbeamten daran erinnern müssen, dass die Macht, deren Garanten sie sind, »eine zivili-

---

[27] Hannah Arendt, »Was ist Autorität?«, in: Dies., *Zwischen Vergangenheit und Zukunft. Übungen im politischen Denken I,* hrsg. von U. Ludz, München 2012, hier: 188 ff. Für den Beleg des Cicero-Zitats siehe *De Legibus* III, 12.

[28] *Apologie* I, 3, 2. (13/67).

sierte Regierungsform, keine Tyrannenherrschaft«[29] ist? Hätte Augustinus die Nicht-Gründung und damit die Selbst-Gründung des Staats aufzeigen müssen? Bevor es überhaupt um die Frage geht, ob die Gründung der Kirche die Gründung Roms wiederholt oder nicht,[30] muss man sehen, dass die Christen sich *im* römischen Staat als die besten Garanten dessen, was die Römer gedacht haben, verstanden haben. *Non est potestas nisi a Deo* bekräftigt nicht die Identität von *potestas* und *auctoritas*, sondern benennt ganz im Gegenteil deren *absolute* Unterschiedenheit. An Gott gegeben, übersteigt die Ordnung der *auctoritas* die Ordnung der *potestas* absolut. Die Christen sind die besten Garanten des römischen Staats, weil sie die *auctoritas* Gott geben, und indem sie sie Gott geben, zeigen sie deren absolute Transzendenz, die eine Identifizierung der *auctoritas* mit der *potestas* unmöglich macht.

2.2. Das κατέχον *und der irdische Friede*

Ungeachtet ihrer Kritik am römischen Staat sind die Christen dennoch dessen beste Garanten. Wir haben es hier mit einem Paradox zu tun, und man könnte sogar sagen: mit dem für *die Art, wie die Christen im Staat leben*, eigentümlichen Paradox. Die Christen sind gegenüber dem Staat weder in einer Position der Konkurrenz, noch in einer Position der Rechtfertigung – selbst wenn die Aussage *Non est potestas nisi a Deo* sie zu einem strengen Respektieren der irdischen Macht zwingt (*Röm* 13,5). Sie leben in einem Dazwischen, das sich durch eine doppelte Staatsbürgerschaft äußert: Sie haben zugleich,

---

[29] *Apologeticum* II, 14 (44/390).
[30] Arendt schließt sich der These an, dass die Gründung der Kirche eine Wiederholung der Gründung Roms darstellt, ohne dass sie versucht, den formalen Unterschied, den es zwischen beiden geben könnte: »Dadurch, dass in der Gründung der Katholischen Kirche die Gründung der Stadt Rom nochmals wiederholt wurde, natürlich in inhaltlich radikal anderer Weise, konnte die römische Trinität von Religion, Autorität und Tradition in die christliche Ära mit übernommen werden.« Siehe H. Arendt, a. a. O., S. 193. Bevor man allerdings einen solchen Gedanken behauptet, müsste man vielleicht vorher das Problem des Verhältnisses der Christen zum römischen Staat aufwerfen, um zu sehen, ob die christliche Ära nicht doch ein ganz neues Zeitalter eröffnet, formal ebenso wie inhaltlich. Es wäre nicht abwegig anzunehmen, dass das eschatologische Verhältnis der Christen zur rechtlich-politischen Ordnung entscheidende Konsequenzen dafür hat, wie sie die Institutionen gründen.

aber nicht in derselben Hinsicht, eine Staatsbürgerschaft auf der Erde und eine »Heimat im Himmel (πολίτευμα ἐν οὐρανοῖς)« (*Phil* 3,20). Diese zwei Staatsbürgerschaften zu verbinden, heißt, die Ordnungen zu *unterscheiden,* indem man jedem das gibt, was man ihm schuldig ist (*Röm* 13,7 in Anlehnung an *Mt* 22,21): dem Kaiser die *potestas,* Gott die *auctoritas!* Aber es geht keinesfalls darum, sie zu *trennen:* Die *potestas* versteht sich im Horizont der *auctoritas,* so wie sich die irdische Staatsbürgerschaft im Horizont der himmlischen Staatsbürgerschaft versteht, d. h. im *eschatologischen* Horizont.[31] Der eschatologische Horizont ist der Horizont des Endes selbst der irdischen Staatsbürgerschaft und der *potestas.* Insoweit sie auf die *auctoritas* Gottes gegründet ist, muss daher jede *potestas* ihr eigenes Ende wollen. Das ist ein Paradox, das Fessard in seinem Werk *Autorité et bien commun* (1944) nicht nur identifiziert hat, sondern es auch bis zu seinen äußersten Konsequenzen durchdacht hat: Wenn die *potestas* »ein anderes Wachstum verfolgte als das, welches sie zum Verschwinden führt, würde sie illegitim, und das durch sie geschaffene Recht wäre kein Recht mehr.« Und etwas später fügt er hinzu: »Das Urteil [darüber] fällt die Geschichte früher oder später.«[32] Die Plünderung Roms im Jahr 410 könnte ein markantes Beispiel sein, das namentlich

---

[31] Wir betonen hier das Adjektiv »eschatologisch«, weil wir uns in erster Linie mit der Frage der Finalität befassen möchten, aber dieser Horizont ist für einen Christen ebenso gut »protologisch« und »historisch«. Es ist nämlich Christus, der lebendige Gottessohn, der zugleich die Vollendung der Welt ist in seiner glorreichen Wiederkunft (Eschatologie), der Grund der Welt in der Schöpfung (Protologie) und der Mittler der Welt in einer geheimnisvollen Tat, die die Welt auf ihr wahres Ziel hin ausrichtet, durch den Geist, mit Hilfe seines Leibs, der Kirche (Geschichte).

[32] G. Fessard, *Autorité et bien commun,* Paris 1969, 24 und 46. Wir ersetzen hier, in Fessards Text, den Ausdruck »potestas« durch den Ausdruck »Autorität«, weil es uns nicht scheint, dass diese beiden Ausdrücke hier unterschiedlich verwendet werden. Es gilt hier auch zu betonen, dass G. Fessards Analysen gerade durch die paulinische Formulierung bestimmt sind, die der Gegenstand unserer Überlegungen ist: *Omnis potestas a Deo,* worauf sich gewisse katholische Theologen beriefen, um jeden Widerstand, selbst den kleinsten, gegen die Macht des Marschall Pétain zu verbieten. Siehe *Autorité et bien commun,* 7. Vgl. dazu auch die Weise, in der Fessard in einem Manuskript an den Kardinal Suhard (1942) den Widerstand verteidigt, indem er eine – wie wir es hier nennen wollen – »nicht-theologisch-politische« Interpretation von Paulus' *tamquam Deo* entwickelt: F. Louzeau, *L'anthropologie sociale du Père Gaston Fessard,* suivi d'un inédit de Gaston Fessard, Collaboration et Résistance au Pouvoir du Prince-Esclave (octobre-décembre 1942), Paris 2009, 751 ff. Zum genauen historischen Kontext der Abfassung des Manuskripts von 1942 siehe die Einführung von Louzeau, ebd., 631–650.

Justin in seinem Verdacht gegenüber dem Kaiser Antoninus Pius und dessen Söhnen Verissimus (Mark Aurel) und Lucius andeutet: »Doch es sieht so aus, als besorgtet ihr, es möchten alle das Rechte tun und ihr hättet dann nichts mehr zu bestrafen.«[33] Indem Rom Christus verfolgt, oder vielmehr Christus in Form der Christen, scheint es sein eigenes Ende, im doppelten Sinn von *finis* – Ende und Zweck –, zurückzuweisen. Für die Christen aber, wie Tertullian behauptet,[34] sollte Rom die Rolle des »κατέχον« ausfüllen, anders gesagt, die Rolle dessen, der »die geheime Macht der Gesetzwidrigkeit« zurückhält bis zum Tag ihrer Offenbarung (2 *Thess* 2,6–7). Der Zweck Roms, wie der jeder Macht, liegt in der Aufrechterhaltung des irdischen Friedens, damit die Offenbarung des Antichrist aufgeschoben wird, und damit sich in diesem Aufschub *(différance)* die Zeit der Bekehrung öffnet. Das Respektieren der Macht, zu dem die Christen angehalten sind, erklärt sich durch diesen Aufschub *(différance)*, in dem sich die Zeit der Bekehrung öffnet, das heißt die Möglichkeit des Heils.[35]

---

[33] *Apologie*, I, 12, 4. (S. 21/75).

[34] Siehe *Apologeticum* XXXII: »Es gibt für uns auch eine andere, noch größere Nötigung, für die Kaiser, ja, sogar für den Bestand des Reiches überhaupt und den römischen Staat zu beten. Wir wissen nämlich, dass die dem ganzen Erdkreis bevorstehende gewaltsame Erschütterung und das mit schrecklichen Trübsalen drohende Ende der Zeiten nur durch die dem römischen Reiche eingeräumte Frist aufgehalten wird. Daher wünschen wir es nicht zu erleben und, indem wir um Aufschub dieser Dinge beten, befördern wir die Fortdauer Roms.« (S. 129/475) Man könnte jedoch meinen, dass dieser Zweck im Grunde jeder Macht zukommt, wie Augustinus im Gottesstaat XX, 19 (S. 633) zu behaupten scheint: »Dagegen wird jenes Apostelwort: ›Mag der, welcher jetzt noch standhält, weiter standhalten, bis er aus dem Wege geräumt wird‹ mit gutem Grunde auf das römische Reich bezogen, wie wenn gesagt wäre: ›Mag der, welcher jetzt noch herrscht, weiter herrschen, bis er aus dem Weg geräumt, also beseitigt wird‹.« Für weiteres Material zu dieser Frage siehe: Y. Redalié, *Deuxième épître aux Thessaloniciens*, Genève 2011.

[35] Wenn Justin das κατέχον auch nicht klar mit dem römischen Reich identifiziert, so nennt er dennoch den Grund, der Gott dazu bewegt, den Tag des Gerichts aufzuschieben: »Und der Aufschub, dass Gott dies noch nicht getan hat, ist um des Menschengeschlecht willen eingetreten; denn er sieht vorher, dass einige infolge ihrer Buße noch Rettung finden werden, andere wohl noch gar nicht geboren sind.« Siehe *Apologie* I, 28, 2. (40/94).

3. Die christliche Religion und der universelle Friede

3.1. Der Christ im Dienst des Friedens

Das Verhältnis der Christen zur *potestas* ist ein paradoxes Verhältnis, weil es sich um ein eschatologisches Verhältnis handelt, d. h. um ein Verhältnis, das eindeutig auf das *finis der potestas* hin gewendet ist, *finis* verstanden zunächst im Sinn des Zwecks. Aber die Christen wollen der *potestas* darum doch keinen *christlichen* Zweck auferlegen, als ob es ihr Ziel wäre, einen christlichen Staat zu errichten. Sie befürworten die Autonomie des eigentümlichen Zwecks der *potestas*, der vor allem, aber nicht ausschließlich, noch unbedingt, darin besteht, den irdischen Frieden aufrecht zu erhalten. Der irdische Frieden wird von den Römern genauso wie von den Christen als das Gemeinwohl, das der irdischen Ordnung eigentümlich ist und das die *potestas* schützen soll, angesehen. Deswegen bemüht sich Justin zu Beginn der *Apologie*, die Nützlichkeit der Christen für die Verwirklichung des irdischen Friedens aufzuzeigen: »Ihr habt aber in der ganzen Welt keine bessern Helfer und Verbündeten zur Aufrechthaltung des Friedens als uns, die wir solches lehren, wie, dass ein Betrüger, Wucherer und Meuchelmörder so wenig wie ein Tugendhafter Gott verborgen bleiben könne und dass ein jeder ewiger Strafe oder ewigem Heile nach Verdienst seiner Taten entgegengehe.«[36] Die öffentliche Nützlichkeit der Christen beruht auf ihrem Bewusstsein, dass die Macht im Dienst Gottes steht, um sie zum Guten anzuhalten, wie es ihnen Paulus in *Röm* 13,3–4 aufgibt: »Willst du also ohne Furcht vor der staatlichen Gewalt leben, dann tue das Gute, sodass du ihre Anerkennung findest. Sie steht im Dienst Gottes und verlangt, dass du das Gute tust.« Dass alle Macht von Gott stammt bzw. im Dienst Gottes steht, bedeutet also nicht, dass sie einen anderen Zweck als den ihr eigentümlichen verfolgen dürfte. Das läuft jedoch darauf hinaus, dass dieser Zweck, nämlich der irdische Frieden, nicht einfach ein Zweck ist, der durch konventionelle Übereinkunft zustande kommt. Der irdische Frieden ist weder ein eigentümlich christlicher Zweck, noch ein konventioneller Zweck, sondern ein natürlicher, universeller Zweck. Der irdische Frieden ist nämlich das der irdischen Ordnung eigentümliche Gemeinwohl, das die Vielfalt der irdischen Ordnungen übersteigt, d. h. die Vielfalt der Nationen. Dass alle Macht im Dienst

---

[36] *Apologie* I, 12, 1. (21/75, modifiziert).

Gottes steht, bedeutet also, dass alle Macht im Dienst dieses universellen Zwecks steht. Die *auctoritas* Gottes erniedrigt die *potestas* nicht zum Dienst an einem partikulären Zweck, sondern erhöht sie vielmehr zum Dienst am Zweck des universellen Gemeinwohls. Um die Terminologie Fessards aufzugreifen, könnte man sagen, dass die *auctoritas* Gottes besonders die Wirkung hat, das »Gut der Gemeinschaft« zu universalisieren.[37] Augustinus beschreibt das Phänomen im *Gottesstaat* so: »Er [der himmlische Staat] fragt nichts nach Unterschieden in Sitten, Gesetzen und Einrichtungen, wodurch der irdische Friede begründet oder aufrechterhalten wird, lehnt oder schafft nichts davon ab, bewahrt und befolgt es vielmehr, mag es auch in den verschiedenen Völkern verschieden sein, da alles ein und demselben Ziele irdischen Friedens dient.«[38] Die zugleich öffentliche und kritische Nützlichkeit der Christen besteht also über das bloße Respektieren der Macht hinaus darin, deren Zweck zu universalisieren.

3.2 Der Friede unter der Bedingung der Freiheit

Man könnte sich jedoch fragen, ob es angemessen ist, alles dem irdischen Frieden zu opfern. Die Antwort Augustinus' besteht darin zu sagen, dass man ihm nicht die *Bedingungen seiner Möglichkeit* opfern kann. Im Anschluss an die eben zitierte Stelle aus dem *Gottesstaat* formuliert er nämlich einen Vorbehalt, nicht im Hinblick auf den Frieden als solchen – als ob man ihn nicht mehr anstreben müsste, wenn man ihn nicht erreichen kann[39] –, sondern im Hinblick auf

---

[37] Fessard, *Autorité et bien commun*, a.a.O., 54 ff. Das »Gut der Gemeinschaft« ist bei Fessard der objektive und besondere Aspekt des »Gemeinwohls«. Aber im als universaler Zweck anerkannten Frieden könnte man eine Universalisierung des besonderen Aspekts des »Guts der Gemeinschaft« sehen, ohne dass dieses seinen objektiven Aspekt verlöre und »Gemeinschaft des Guts« (dem subjektiven und universellen Aspekt des Gemeinwohls) würde.

[38] *Vom Gottesstaat* XIX, 17. (562).

[39] Dies ist zum Beispiel der Fall bei Hobbes, wenn er gegen die Schrift, auf die sich zu gründen er dennoch vorgibt, das formuliert, was er für das erste Gebot des natürlichen Gesetzes hält: »And consequently it is a precept, or general rule of Reason, That every man, ought to endeavour Peace, as farre as he has hope of obtaining it; and when he cannot obtain it, that he may seek, and use, all helps, and advantages of Warre.« Siehe *Leviathan*, edited with an introduction by C. B. MacPherson, London 1985, I, 14 (190). Was Hobbes' Rekurs auf die Autorität der Schrift betrifft, um – gegen die Schrift selbst – die Legitimität des vorgebrachten Gebots sicherzustellen,

einen Frieden, der nur die Kehrseite einer Entfremdung wäre: »Er [der himmlische Staat] [...] bewahrt und befolgt es [alles, was dem Frieden dient] [...], mag es auch in den verschiedenen Völkern verschieden sein, da alles ein und demselben Ziele irdischen Friedens dient.« Und er präzisiert: »Nur darf es die Religion, die den einen höchsten und wahren Gott zu verehren lehrt, nicht hindern.«[40] Die Freiheit, in diesem Fall die Religionsfreiheit, speziell die christliche, ist also das, was dem irdischen Frieden nicht geopfert werden kann. Tertullian hatte das Gleiche ebenfalls behauptet, als er den Vorwurf des Verbrechens gegen die Religion gegen die Römer selbst wandte: »Sehet vielmehr zu, ob nicht auch das auf den Vorwurf der Gottlosigkeit hinausläuft, wenn man jemandem die Freiheit der Religion nimmt«, und dies umso mehr, wenn es um die »Religion des wahren Gottes« geht.[41] Nicht jeder Friede ist also zu befördern, vor allem dann nicht, wenn er die Religionsfreiheit bestreitet, speziell die christliche. Der Friede muss für die Christen unter der Bedingung der Religionsfreiheit stehen, und das aus einem doppelten Grund. Der erste ist, dass der irdische Frieden nicht der höchste Zweck ist. Wie gezeigt, ordnen ihn die Christen einem anderen Zweck unter: dem Heil. Anders gesagt, sie ordnen die »Gemeinschaft des Guts« dem »Gut der Kommunion«[42] unter. Aber diese Unterordnung, genauer: diese *Aufhebung*, verlangt keineswegs einen christlichen Staat. Die Religionsfreiheit ist dafür die hinreichende Voraussetzung, und ohne Zweifel sogar die einzig vernünftige Voraussetzung, wenn das Heil der Christen nicht denselben Wechselfällen wie das Heil der Staaten unterliegen soll. Der zweite, vielleicht wesentlichere, sicher aber umstrittenere Grund liegt in der universellen Nützlichkeit der Christen. Wie ebenfalls schon gezeigt, besteht die öffentliche Nützlichkeit der Christen nicht einfach darin, dass sie die Macht respektieren, sondern auch darin, dass sie deren Zweck universalisieren. Die Nützlichkeit der Christen ist also nicht nur öffentlich, sondern auch universell. Tertullian betont das deutlich: »Wir hingegen, die wir von dem Feuer der Ruhm- und Ehrsucht durchaus nichts empfinden, wir haben auch kein Bedürfnis einer Parteistiftung, und es ist uns nichts fremder als

---

siehe *Vom Bürger*, Kap. 4, 115 f. (T. Hobbes, *Vom Menschen. Vom Bürger*, eingeleitet und herausgegeben von Günter Gawlick, Hamburg 1966).

[40] *Vom Gottesstaat* XIX, 17 (562).

[41] *Apologeticum* XXIV, 6 und 2 (115/461 und 114/460).

[42] Fessard, *Autorité et bien commun*, a. a. O., 77.

die Politik. Wir erkennen nur ein einziges Gemeinwesen für alle an, die Welt.«[43] Der zweite Grund, der ebenfalls nur die Religionsfreiheit verlangt, besteht darin, zu behaupten, dass der irdische Frieden nicht nur die Bedingung des Heils ist: Er ist auch dessen Ergebnis.

Gegen jede theologisch-politische Interpretation von *Röm* 13,1 wurde in den hier vorgetragenen Überlegungen versucht zu zeigen, dass *Non est potestas nisi a Deo* weder die Rechtfertigung jeder Macht, unabhängig von ihrer Natur und ihren Gesetzen, impliziert, noch die umgekehrte Forderung nach einer christlichen Macht. Unter den vorgebrachten historischen, philosophischen und theologischen Argumenten scheint eines die anderen zu überragen, in dem Sinn, dass die anderen Argumente darauf aufbauen: das Argument der absoluten Transzendenz Gottes. Es ist nämlich die absolute Transzendenz Gottes, die die Gleichsetzung der *auctoritas* mit der *potestas* absolut unmöglich macht und so eine Distanz schafft, die jede Vergötzung der *potestas* verbietet. Die Macht, die sich auf Gott gründet, gründet sich in der Distanz zu einem absolut transzendenten Grund, d. h. einem abwesenden Grund. Weit davon entfernt, die Macht auf einen anwesenden, positiven Grund zu gründen, setzt *Röm* 13,1 vielmehr den Grund in Klammern, in einer Art phänomenologischer ἐποχή, die den Grund negativ, fehlend macht. Die Macht, die sich auf Gott gründet, erweist sich, auf eine noch radikalere Weise als die Macht, die sich selbst gründet, als *un*-gegründet; – oder vielleicht könnte man sagen: als »ab-gegründet«, um die Nicht-Gründung der Macht, die sich auf Gott gründet, zu unterscheiden von der Nicht-Gründung der Macht, die sich selbst gründet. Wir könnten uns also auf die phänomenologischen Analysen von Jean-Luc Marion beziehen, um zu zeigen, dass die Figur des fehlenden Grundes auf die Figur des Vaters verweist: »Um zu bleiben, darf der Vater nicht bleiben: er muss durch Abwesenheit glänzen. Er kommt zur Erscheinung, indem er nicht in Erscheinung tritt.«[44] Der Vater tritt auf als der, der verschwindet, weil er, indem er sich selbst gibt, etwas anderes als sich selbst gibt. Indem er sein eigenes Leben gibt, gibt er ein anderes Leben. Die Vaterschaft ist die eigentliche Gestalt der »auf die Gegebenheit reduzierte[n] Gabe«[45], anders gesagt: eines Grundes, der auf rei-

---

[43] *Apologeticum* XXXVIII, 3. (140/486).

[44] J.-L. Marion, »La raison du don«, in: *Philosophie* 78 (2003), 19. (dt. Übersetzung von Christian Rößner und Martin Hähnel in diesem Band, S. 63)

[45] Ebd., S. 64 (Übersetzung ebenfalls von Christian Rößner und Martin Hähnel). Der

ne Gründung reduziert ist, und also eines Grundes, der paradoxerweise dem Gegründeten einen Mangel an Gründung, *Autonomie*, übereignet. *Insofern* für die Christen nur Gott allein es wahrhaft verdient, Vater genannt zu werden (*Mt* 23,9), impliziert *Röm* 13,1 keinesfalls eine Macht unter Vormundschaft – eine undemokratische Macht. Aber *Röm* 13,1 impliziert auch keine vergötzte Macht: Die Aussage *Non est potestas nisi a Deo* öffnet im Gegenteil den Weg zu einer »ikonischen Macht«, um es so auszudrücken, d. h. zu einer Macht, die *nicht selbst-begründend* ist, aber nichtsdestoweniger *autonom*.

Es bleibt jetzt noch, das Verhältnis zwischen dem Argument der absoluten Transzendenz Gottes und den anderen Argumenten aufzugreifen, besonders dem Argument der Universalisierung des eigentümlichen Zwecks der Macht. Wie gezeigt, setzt *Röm* 13,1 den Grund nicht nur in Klammern, sondern bestärkt und vergrößert umso mehr die Gründung. »Wie viel ἐποχή, soviel Gründung«, könnte man sagen, wenn man das vierte Prinzip der Phänomenologie aufgreift (»Wie viel Reduktion, soviel Gegebenheit«[46]) und an die rechtlich-politische Analyse anpasst. Die Gründung der Macht in Gott ändert nämlich nichts am Inhalt der Gründung, sofern der Zweck der Macht deren eigentlicher Zweck bleibt: der irdische Frieden. Aber sie ändert ihre Form, indem sie den Zweck der Macht universalisiert, d. h. die Gründung in den Rang einer universalen Gründung erhebt. Man könnte sogar präzisieren, in den Rang einer universalen und subjektiven Gründung, weil Paulus schreibt, es sei »notwendig, Gehorsam zu leisten, nicht allein aus Furcht vor der Strafe, sondern vor allem

---

Schluss geht hier sehr schnell von der Einklammerung des Gebers auf die zur reinen Gegebenheit reduzierte Gabe. Genau genommen müsste man auch noch zeigen, wie der Empfänger und die Gabe in Klammern gesetzt werden. Im Fall des Empfängers ist klar, dass er dem Geber niemals zurückgeben kann, was dieser ihm gegeben hat: das Leben, wenn der Empfänger das Kind ist – die Autorität, wenn der Empfänger die Macht ist. Der Empfänger ist also immer *Schuldner.* Was die Gabe betrifft – das Leben, die Autorität –, so wächst sie in direkter Proportion zu ihrer *Irrealität:* Je unscheinbarer das Leben und die Autorität sind, desto mehr geben sie. Die drei Elemente der Gabe – Geber, Empfänger und Gabe – sind also in Klammern gesetzt, so sehr, dass die *Gabe auf den Horizont ihrer Gegebenheit reduziert ist, oder genauer auf die reine Gegebenheit,* denn wie kann man hier noch von einem Horizont sprechen?
[46] Zum Prinzip »Wie viel Reduktion, soviel Gegebenheit«, siehe J.-L. Marion, *Étant donné*, Paris 1998, 23 ff. Zu dessen Identifikation als viertes Prinzip der Phänomenologie, siehe: M. Henry, »Quatre principes de la phénoménologie«, in: *De la phénoménologie I*, Paris 2003, 77–104.

um des Gewissens willen« (*Röm* 13,5). Die Gründung der Macht in Gott universalisiert und subjektiviert den eigentümlichen Zweck der Macht, weil sie die Logik der Macht umkehrt: Die »Lust zu herrschen« macht der »Pflicht zu helfen« und »fürsorglichem Erbarmen« Platz, um Augustinus' Worte zu gebrauchen.[47] Die Gründung der Macht in Gott bewirkt die Synthese zwischen dem »Gut der Gemeinschaft« und der »Gemeinschaft des Guts«, indem sie den Widerspruch zwischen dem objektiven und besonderen Aspekt und dem subjektiven und universellen Aspekt des Gemeinwohls übersteigt. Die Gründung der Macht in Gott gibt der »Gemeinschaft des Guts« eine konkrete Bestimmung, sofern sie ihre Opposition gegen das »Gut der Gemeinschaft« überwindet, indem sie die Person dazu anhält, sich frei in den Dienst der Gemeinschaft zu stellen. Wenn *Röm* 13,1 auch keineswegs ein christliches theologisch-politisches Modell impliziert, so wird doch eine spezifisch christliche Kategorie des Gemeinwohls vorausgesetzt: das »Gut der Kommunion«. Diese Kategorie setzt der Vergötzung der Macht die Hingabe Christi entgegen, der nicht daran festhält, wie Gott zu sein, sondern der sich frei entäußert, bis er am Kreuz eine andere Gestalt, die Gestalt des Dieners aller annimmt (*Phil* 2,6–8): »[das Kreuz Jesu Christi], durch das mir die Welt gekreuzigt ist und ich der Welt« (*Gal* 6,14).

Aus dem Französischen von Benedikt Schick

---

[47] *Vom Gottesstaat* XIX, 14 (557).

Philosophie und Theologie

Jean-Luc Marion

Gabe, Opfer und Verzeihung

1. Das Opfer gemäß den Begriffen des Tausches

Streng genommen dürfte man gar nicht mit dem Opfer beginnen, zumindest nicht im Sinne eines Nomens oder eines Substantivs, weil ja das Opfer *(sacrificium)* immer aus der Tätigkeit eines Verbs resultiert, des Verbs »faire«, machen, tun *(sacrum facere):* Ein Opfer erscheint immer dort, wo eine handelnde Person eine Sache heilig gemacht hat, sie aus dem Bereich des Profanen herausgenommen und dadurch geheiligt hat. Die Wendung *sacrum facere* wurde übrigens im Altfranzösischen mit dem Begriff *sacrifiement* wiedergegeben, in dem noch deutlicher zum Ausdruck kommt, dass es sich beim »heilig machen« mehr um einen Prozess als um ein Resultat handelt. Die Frage nach dem Opfer zielt also zuerst und vor allem auf den Akt, in dem eine Sache geheiligt und aus dem Bereich des Profanen herausgerissen wird (im Gegensatz zu einem Akt der Entweihung bzw. Schändung), ein Akt, an dessen Ende das Opfer nur als Resultat steht und sich damit begnügt, ihn in sich ohne jede weitere Erklärung aufzubewahren. Mit dieser genaueren Bestimmung tritt zugleich auch schon eine Schwierigkeit zutage: Wie lässt sich der Übergang zwischen den beiden Begriffen, dem Profanen und dem Heiligen, begreifen, wo wir doch in einem Zeitalter des Nihilismus leben, der diese Unterscheidung selbst recht unscharf und undurchsichtig werden lässt, um nicht zu sagen, gänzlich aufzulösen droht. Alles erscheint geradezu so, als ob der »Tod Gottes« und vor allem das, was diesen herbeigeführt hat – nämlich die Erkenntnis, dass die höchsten Werte auf nichts anderem beruhen als auf den Bewertungen, die sie bejahen, und folglich nur so viel wert sind, wie unsere Bewertungen wert sind –, in grundsätzlicher Weise jede Grenze zwischen dem Heiligen und dem Profanen aufgehoben hätte und folglich auch jede Möglichkeit, diese durch einen *Akt der Heiligung* (frz. *sacrifiement*) (oder in umgekehrter Richtung durch eine Entweihung bzw. Schändung) zu überschreiten. Würde dann aber nicht auch das Opfer mit dem sich auflösenden Heiligen verschwinden, so wie auch jede Blasphemie sich verflüchtigt, wenn man nicht einmal mehr weiß, was ein Segen bedeutet?

Und gleichwohl verhält es sich dennoch nicht ganz so. Es ist uns noch etwas von der Bedeutung des Opfers geblieben, eine Bedeutung, die ziemlich alltäglich, wenn nicht gar etwas primitiv ist: diejenige, die Opfern mit Zerstören gleichsetzt. Genauer gesagt, ist damit ein Zerstören dessen gemeint, was nicht sein soll, zumindest nicht in einem normalen Umgang mit der Welt, also des Nützlichen und des Brauchbaren. Denn tatsächlich ist das Seiende, verstanden als ein Seiendes, das ich gebrauche (das von Heidegger beschriebene Seiende in seiner Zuhandenheit), durch die Finalität definiert, die es nicht nur an andere gebräuchliche Dinge verweist, sondern es in letzter Instanz meiner eigenen Intention unterstellt, die die unterschiedlichen Finalitäten dieser Seienden zu einem einzigen Netz verknüpft. All diese Finalitäten sind also letztlich auf mich selbst ausgerichtet als den Mittelpunkt einer Welt im Sinne eines Bewandtniszusammenhangs. Dieses Seiende in seiner Zuhandenheit, das nicht nur brauchbar, sondern auch gebräuchlich ist, läuft letztlich auf mich selbst hinaus und macht mich, in diesem Sinne, am Ende auch selbst aus: Es ist gut, insofern es meines ist, es ist ein Gut, insofern es mein Gut ist. Es verloren gehen zu lassen würde folglich bedeuten, mir selbst abhanden zu kommen; und sollte ich es also zerstören, indem ich noch einen weiteren Schritt in der Negation machte, dann würde ich auch mich selbst zerstören. Nun muss man sagen, dass eine solche Zerstörung eines Guts als eines Guts und sogar als mein Gut, also, kurz gesagt, diese Zerstörung meiner selbst, aus unserer Zeit nicht gänzlich verschwunden ist, ja in ihr sogar noch die Bezeichnung »Opfer« für sich reklamiert. Die höchste Steigerung dessen können wir sogar alltäglich in dem erfahren, was man *Terrorismus* nennt. Der allgemeine Sprachgebrauch und die Öffentlichkeit rekurrieren tatsächlich auf die Semantik des Opferbegriffs, um terroristische Akte zu bezeichnen: Der Terrorist, so sagt man, »opfert sich« für seine Sache oder »opfert« zusammen mit seinem Leben auch das Leben zufälliger Opfer, um dieser Sache die nötige öffentliche Aufmerksamkeit zu verschaffen. Dieser Sprachgebrauch mag zwar ziemlich unscharf und undifferenziert sein, trifft aber gleichwohl auch einen entscheidenden Punkt: Denn die reine Gewalt, die ohne jede moralische oder auch politische Rechtfertigung ist, die Gewalt als völlig unsinniger und barbarischer Akt, ruft tatsächlich ein lähmendes Entsetzen angesichts einer Handlung hervor, von der zu Recht gesagt wird, dass sie ihren Ursprung nicht mehr in der Welt der Lebenden und auch nicht mehr in der Gemeinschaft vernünftiger Menschen haben kann, sondern der Logik einer anderen Welt gehorchen muss, die in unserer Welt, die sie übrigens verneint und vernichten will, völlig absurd erscheint. Der Terrorismus vernichtet Güter, Unschuldige und sogar den Terroristen selbst, weil er zuerst und in radikaler Weise die Zerstörung alles nützlichen und *zuhandenen* (dt. im Orig.) Seienden will, also einer jeden möglichen Welt, die in ihrem Gesamtzusammenhang auf uns hin ausgerichtet ist. Das so zerstörte Gebräuchliche und Zuhandene wird zum Heiligen (frz. le sacré) in dem Sinne, dass es nicht mehr zu der Welt gehört, in der wir leben können, in der es darum geht, in der Normalität des Profanen zu leben. Gestehen wir also zu, dass der Terror (der *Terrorismus*) in seinen vielfältigen, aber zugleich auch immer gesichtslosen Erscheinungsformen heutzutage als die letzte Erfahrung des Heiligen übrig geblieben ist und dass diese Gestalt des Heiligen, so sehr sie sich auch als dessen Verfallsform herausstellen mag, uns gleichwohl eine, wenn auch primitive, Idee davon gibt, was mit Opfer gemeint ist: Das, was eine profane Sache heiligt, also das *sacrifiement*, besteht in der Zerstörung dieser Sache. Der Terrorist bringt Heiliges hervor (unter der Gestalt des sinnlosen Schreckens), indem er das Leben *zerstört*, sein eigenes eingeschlossen.[1] Der Prozess, der das Profane heiligt, verläuft über die Zerstörung der so geopferten Sache.[2] Ein Zugang zum Opfer bleibt uns also offen, denn die Erfahrung des Terrorismus garantiert uns zugleich auch jene der Zerstörung des

---

[1] Gleiches gilt für jeden, der sein eigenes Leben in Gefahr bringt, möglicherweise für nichts oder fast nichts (der »Abenteurer« oder der sogenannte »Extrem«-Sportler). Die Frage, die sich stellt, lautet, inwiefern es sich dabei nicht um eine Gestalt handelt, die genau die Rolle des Herrn innerhalb der Dialektik der Anerkennung übernommen hat, auch wenn diese dadurch freilich etwas abgewertet wurde (wobei der Knecht im Bereich des Profanen geblieben ist, in dem man sich nicht zerstört).

[2] Darin bestand übrigens das klassische Argument (von der Reformation aufgebracht und dann von der Aufklärung übernommen) gegen eine friedfertige, aber dadurch nicht weniger radikale Gestalt des Opfers – das Ordensgelübde: Der Verzicht auf Macht, Reichtum und Nachkommenschaft laufe auf die Zerstörung derjenigen Güter hinaus, die es der Welt ermöglichen, zu wachsen und zu gedeihen, und genau dies eröffne dann den Zugang in den Bereich des Heiligen, und zwar in diesem Fall durch ein Leben, das sich zwar nicht außerhalb der Welt abspiele, aber doch zumindest eschatologisch auf eine Verwandlung dieser Welt ausgerichtet sei.

Guts (frz. du bien) als solchen und folglich auch der Welt, insofern sie die unsrige ist.

Dieses erste Resultat, das uns einen zweifelsfreien, weil absolut negativen Zugang zum Heiligen und zum *sacrifiement* gewährt hat, vergrößert gleichwohl die Aporie nur noch. Dabei geht es nicht nur darum, dass man entrüstet ist darüber, dass die Zerstörung die einzige Gestalt des Opfers sein soll, sondern vor allem darum, dass man Schwierigkeiten hat, dies auch einzusehen. Denn wie soll tatsächlich dadurch, dass ein Gut zerstört wird, dieses zugleich auch geheiligt werden? Und was macht oder bewirkt ein Opfer, wenn es nichts anderes macht, als nur zu vernichten? Was kann es heiligen bzw. weihen (frz. consacrer), wenn es sich nur darauf beschränkt, auszulöschen? Wem kann es noch etwas geben, da es doch den Inhalt einer jeden Gabe und auch sich selbst als möglichen Geber auflöst? Die Definition des Opfers als Zerstörung eines Guts als solchen gibt zwar keinerlei Aufschluss über das Opfer, könnte dagegen allerdings etwas über sein Gegenteil verraten – die Selbstgewinnung der eigenen Autarkie. Und tatsächlich wollen sich der Weise und der Starke jeden Guts entledigen, indem sie es zerstören, um sich so von ihm zu befreien. Sie allein vermögen dies und sie beweisen es sich auch dadurch, dass sie das überleben, was sie in sich zerstört haben: Indem sie andere Güter opfern (mittels Askese, Verzicht, Verstümmelung etc.), beweisen sie dem Anderen ihre Autonomie; oder vielmehr, sie beweisen nur sich allein ihre Autonomie und ihre Ataraxie. Im Opfer feiert folglich das asketische Ideal, in dem das Ego den Status einer Art von *causa sui* erreicht, nämlich dadurch, dass es niemandem mehr in der Welt etwas schuldig ist, nicht einmal sich selbst. So kann sich also das Opfer, verstanden als Destruktion eines Guts, in ein konstruktives Moment des Selbst umkehren, das nichts von sich selbst opfert, außer die Welt sich selbst.

Man muss also darauf verzichten, das Opfer als bloße Zerstörung eines Guts zu definieren. Und tatsächlich ist es überhaupt nur möglich, von einem Opfer zu sprechen, wenn man einen dritten Terminus einführt, der sowohl jenseits dessen, der zerstört, als auch jenseits des zerstörten Guts liegt – also genau genommen den Dritten, den Anderen. Selbst in der trivialsten Bedeutung des Begriffs Opfer, z.B. im Bauernopfer oder im Opfer einer anderen Figur im Schachspiel, tritt bereits der Andere in Erscheinung, und sei es auch nur unter dem äußerst minimalistischen Gesichtspunkt des mimetischen Rivalen, des anderen Ich, des anderen als meinem Gegner: Selbst wenn ich, indem ich dieses vermeintliche Geschenk mache, damit nur *meine* Position stärken will, so handelt es sich dabei doch um meine Position *ihm* gegenüber, und ich opfere *ihm* dieses Stück. Anders gesagt, mein Opfer setzt immer bereits den Anderen als den Horizont seiner Möglichkeit voraus. Es ist der Andere, der die Art der Zerstörung eines Guts bestimmt, sei es, dass er als dessen neuer Adressat bzw. Empfänger daraus seinen Nutzen zieht (ich übertrage es ihm, indem ich es abschreibe), sei es, dass er in seiner Eigenschaft als mein Rivale den Verlust mit mir teilt (ich versage es mir, um es ihm zu versagen), um mich wieder zu stärken.

Wird das Opfer gemäß dieser neuen Bedeutung, in der es in den Horizont des Anderen eintritt, besser begreifbar als in der ersten Bedeutung, in der es nur als bloße und einfache Zerstörung eines Guts verstanden wurde? Zweifellos, denn man bemerkt nun zugleich auch, dass es sich tatsächlich nicht mehr um eine Zerstörung, sondern um einen Verzicht (mit, aber manchmal auch ohne Zerstörung) handelt. Und zwar auf beiden Seiten der Alternative. – Sei es, dass ich auf ein Gut verzichte, weil ich mich davon befreien und so meine Autonomie (Autarkie, Ataraxie etc.) sicherstellen kann; oder anders gesagt, ich verzichte auf ein Gut, um mir gerade dadurch zu beweisen, dass es für mich nicht notwendigerweise von Bedeutung ist und dass ich auch ohne es der bleibe, der ich bin; indem ich also ein Gut verliere, das etwas anderes ist als ich selbst, erreiche ich eine umso größere Inbesitznahme meiner selbst. – Oder sei es, dass ich auf ein Gut verzichte, nicht, weil ich es einfach nur zerstören würde, sondern weil ich mich dadurch, dass ich es zerstöre oder es mir auch nur unzugänglich mache, seiner bis zu einem solchen Maße entledigen will, durch diesen definitiven Verlust, dass der Andere es sich möglicherweise an meiner Stelle aneignen könnte; das Gut, auf das ich verzichte, biete ich in der Tat in einer Weise dar, dass der Andere es in Besitz nehmen kann. – Und nichtsdestotrotz sind beide Situationen deutlich voneinander unterschieden.

Im ersten Fall genügt es, dass ich tatsächlich auf ein Gut verzichte (zumindest dann, wenn ich auch ohne es weiterleben kann), um damit sogleich dessen nicht notwendigen Charakter auf der einen Seite und somit auch meine Autarkie auf der anderen Seite zu demonstrieren: Das Opfer kommt so allein aus sich selbst heraus zu seiner Vollendung. Im zweiten Fall verhält es sich dagegen anders: Ich mag durchaus in der Lage sein, mich von einem Gut zu trennen, das vorher mir gehörte (ich bringe es als Opfer dar), dennoch ist dieser Ver-

zicht als solcher noch nicht ausreichend dafür, dass ein Anderer das in
Besitz nimmt, wovon ich mich, als Besitz, getrennt habe; das Opfer
bleibt also unvollendet: Mein Verzicht hat es nur möglich gemacht,
das Gut darzubieten, dieses bleibt bislang noch, obgleich es bereits zur
Verfügung gestellt wurde, verwaist. Denn es hängt nicht von mir ab,
dass der Andere das Gut, von dem ich mich getrennt habe, auch in
Besitz nimmt; dies hängt allein vom Anderen ab. Aufgrund meiner
eigenen Entscheidung kann sich das Opfer nur halb vollenden; sein
tatsächliches Zustandekommen (frz. effectivité) hängt nicht bloß davon ab, ob ich mich von einem Besitz trenne, sondern muss auf die
Annahme durch den Anderen warten und hängt folglich von einer
weiteren Entscheidung ab, einer *anderen* Entscheidung, die von anderswoher kommt. Ich kann höchstens so tun, *als ob* meine Enteignung (frz. dépossession) für sich genommen schon der Aneignung
durch den Anderen entspräche, aber ich kann dies nie garantieren,
noch davon ausgehen. Die Enteignung kann die Entgegennahme
nicht vorwegnehmen, weil die Annahme durch den Anderen nur
von diesem selbst kommen kann und weil sie sich mir daher, per definitionem, entzieht. Das Opfer impliziert also die Enteignung meiner
selbst, aber die Enteignung meiner selbst reicht für das Opfer nicht
aus, weil dieses nur allein durch die Annahme durch einen Anderen
seine Gültigkeit erlangt. Angenommen, das Hin- bzw. Preisgeben
(frz. l'abandon) genügte bereits, um das Opfer als einen Verlust ein-
zuleiten, dann käme es noch auf seine Annahme durch den Anderen
an, damit es als eine Gabe zu seiner Vollendung gelangen könnte. Ein
solcher Abstand zwischen dem Verlust und der Annahme ist nicht
dem eigenen Belieben anheimgestellt, und er ist auch nicht zweitrangig, sondern markiert die unüberwindbare Distanz zwischen mir und
dem Anderen, die weder ich noch der Andere aufheben kann. Es gehört zur Definition des Opfers, dass es, selbst als dargebotenes (oder
mehr noch: gerade *weil* es dargeboten wird), vonseiten des Anderen
zurückgewiesen oder verachtet werden kann – was geradezu konsti-
tutiv für die Seite des Anderen ist. Daraus folgt, dass die Zerstörung,
der Verlust oder die Trennung von einem Gut, selbst wenn diese im
Horizont des Anderen bestimmt sind, nicht dazu ausreichen, um un-
eingeschränkt von der Möglichkeit eines Opfers zu zeugen.

Die gängigen Deutungen des Opfers, wie sie vonseiten der Soziologie und insbesondere der Religionssoziologie vorgelegt wurden, gehen demgegenüber genau vom Gegenteil aus, nämlich davon, dass
der Verzicht auf ein Gut meinerseits bereits ein wirkliches Opfer dar-

stelle. Das Opfer würde darin bestehen, ein Gut hin- bzw. preiszugeben (frz. abandonner[3]) (durch Zerstörung oder Übertragung), um es einem Anderen (einem Göttlichen oder Sterblichen, jedenfalls einem in der Hierarchie zumeist Höherstehenden) zu überlassen, sodass dieser es annimmt und dann in der Folge dem Opfernden eine Gegengabe zurückgibt – diese Reziprozität stelle die entscheidende Voraussetzung dar.[4] Das Opfer in seinem Vollzug, wie es von einem Opfernden durchgeführt wird, impliziert selbstverständlich keinesfalls die Annahme des übereigneten Guts und garantiert diese auch nicht, und noch viel weniger die Reziprozität einer Gegengabe. Und dennoch hat sich diese Interpretation des Opfers als herrschende durchgesetzt, bis hinein in unsere Tage. Wie ist es zu ihr gekommen? Indem sie das voraussetzte, was sie gar nicht beweisen kann, nämlich dass die Annahme und die Gegengabe immer (oder zumindest in den meisten Fällen, also im Normalfall) aus der Enteignung (oder der Zerstörung) folgen. Aber noch einmal, wodurch wird diese Voraussetzung legitimiert? Dadurch dass jede Deutung des Opfers implizit auf das Modell des Tausches bezogen wird.[5] In den meisten Fällen werden

---

[3] A. d. Ü.: Der frz. Ausdruck *abandonner* bedeutet ferner auch *aufgeben, drangeben, weggeben, überlassen, abtreten, verzichten, verlassen, zurücklassen.*

[4] Aristoteles dagegen hebt hervor: »Von den Göttern glauben wir, dass sie die glücklichsten und seligsten Wesen sind. Aber was für Handlungen soll man ihnen beilegen? Etwa Handlungen der Gerechtigkeit? Wäre es aber nicht lächerlich, sie Verträge schließen und Depositen zurückerstatten zu lassen und dergleichen mehr?« (*Nikomachische Ethik* X, 8, 1178 b8–12, übers. u. hrsg. von Olof Gigon, München 1972). Die Götter schließen keine Verträge ab und sind uns nichts schuldig.

[5] Die von H. Hubert und M. Mauss in dem berühmten »Essai sur la nature et la fonction du sacrifice« (der zuerst in *L'année sociologique* 2 [1899] erschienen und dann in M. Mauss, *Œuvres*, éd. V. Karady, t. 1: *Les fonctions sociales du sacré*, Paris 1968 aufgenommen worden ist [im Folgenden zitiert nach M. Mauss/H. Hubert, »Essay über die Natur und die Funktion des Opfers (1899)«, in: M. Mauss, *Schriften zur Religionssoziologie*, hrsg. v. S. M. Moebius, F. Nungesser u. C. Papilloud, übers. v. E. Moldenauer u. H. Ritter, Frankfurt am Main 2012, 93–216]) unternommenen Versuche, das Heilige zu bestimmen, sind recht dürftig geblieben und schweigen sich vor allem über das zentrale (und letztlich einzige) Problem des Funktionierens und der inneren Logik des Opfers (seine Intention, den Mechanismus des Ausgleichs und der Kompensation, den Modus der Verpflichtung und des Zwangs etc.) aus, was in einem frappierenden Kontrast zu den überaus detailreichen Beschreibungen der Durchführung des Opfervorgangs steht, der aber in Wirklichkeit unverständlich geblieben ist. Daher wird folglich auch mit bloßen Annahmen operiert: »[D]as Opfer (ist) ursprünglich eine Gabe, der der Wilde [sic] übernatürlichen Wesen [sic], die man sich gewogen machen muss, darbringt« (ebd., 97, Hervorhebungen durch J.-L. Marion); es bliebe aber zu begreifen, wie und warum diese sogenannten »Wesen« darin einwil-

übrigens die drei Begriffe Gabe, Tausch und Opfer in äquivalenter Weise benutzt, ja sogar unterschiedslos gegeneinander ausgetauscht. So wie die Gabe darin besteht, dem Anderen ein Gut zu überlassen, um ihn dadurch zu verpflichten, es in einer Gegengabe wieder zurückzugeben *(do ut des)*, und so, wie der Tausch impliziert, dass jedes Gut, das von einem auf den anderen übergeht, im Gegenzug durch ein anderes Gut (oder einen Geldbetrag) wettgemacht wird, so trennt sich auch der Opfernde (durch Enteignung, Darbietung oder Zerstö-

---

ligen sollten, sich »gewogen« machen zu lassen. Dieselbe Abstraktheit und Vagheit zeigt sich auch in der letzten von mehreren Definitionen: »Wir kommen also schließlich zu folgender Formel: *Das Opfer ist ein religiöser Akt, der durch die Heiligung eines zerstörten Objekts den Zustand der moralischen Person, die es vollzieht, oder bestimmter sie betreffender Objekte verändert.*« (ebd., 110) Aber was bedeutet hier »Heiligung« anderes als genau das, was es unter dem Begriff »Opfer« eben zu definieren gilt? Und wie gelingt es der »Heiligung« – vorausgesetzt, man hat begriffen, worin diese besteht – die entsprechende »moralische Person« zu »verändern«? Und ist also auch der »Wilde« eine »Person«? Aber in welcher Hinsicht dann »moralisch«? Um welche Art von Veränderung handelt es sich hier, dass sie sich auf diese »Person« und (auch? zur gleichen Zeit?) auf »Objekte« bezieht? Und wie ist das alles genau als »religiös« zu bestimmen? Wir können auf all diese Fragen keine Antworten erwarten, weil sie so gar nicht gestellt wurden. All diese verblüffenden Ungenauigkeiten werden unweigerlich auch dort wieder auftauchen, wo es um die wiederum sehr ungenauen Merkmale des Begriffs der Gabe geht, wie er von Mauss herausgestellt wurde. a) Das Opfer bezeichne schlicht und einfach eine wechselseitige Gabe, also einen Tausch, der sich als solcher nicht zu erkennen geben will, und daher noch keine Gabe: »Wenn man dagegen die Gottheit durch einen Vertrag binden will, hat das Opfer eher die Form einer Zuerkennung. Es ist das Prinzip des *do ut des*« (ebd., 180). Aber noch einmal: Was heißt es, »die Gottheit durch einen Vertrag binden«, wo sie sich doch gerade dadurch auszeichnet, dass sie sich über jeden Vertrag und jede Wechselseitigkeit hinwegsetzen kann? b) Die Zerstörung wird ohne weitere Erklärung als etwas angesehen, das einen Vertrag besiegeln kann: »*Dieses Verfahren [das Opfer!] besteht darin, eine Kommunikation herzustellen zwischen der sakralen Welt und der profanen Welt mittels einer geopferten Sache, das heißt einer Sache, die im Laufe der Zeremonie zerstört wird.*« (Ebd., 211; Kursivierung im Orig., Hervorhebung durch J.-L. Marion) Wer würde nicht sofort erkennen, dass die Schwierigkeit einer solchen »Kommunikation« ganz einfach darin besteht, dass die »sakrale Welt« (welche wäre als eine solche aufzufassen?) überhaupt gar keine Veranlassung hat, sich auf eine solche mit der »profanen Welt« einzulassen? Oder man müsste erklären, warum dies zuweilen doch geschieht. c) Der Essay endet übrigens damit, dass man zugibt, dass das angebliche Opfer letztlich überhaupt gar keines ist: »Wenn der Opfernde etwas von sich gibt, so gibt er sich doch nicht selbst hin; er hält sich vorsichtig zurück. Denn wenn er gibt, dann teilweise deshalb, um etwas zu erhalten.« (Ebd., S. 213) Mit anderen Worten: Man gesteht ein, dass man tatsächlich nicht weiß, was ein Opfer von einem Tausch unterscheidet, weil man in Wirklichkeit schon Gabe und Tausch durcheinandergebracht hat.

rung) von einem Gut, damit der Andere, der als höherstehend angenommen wird (ein göttliches oder sterbliches Wesen), es annehmen möge, der Annehmende damit ein Vertragsverhältnis eingeht und dann seinerseits, entsprechend diesem Vertrag, ein (tatsächliches oder symbolisches) Gut zurückgibt. In allen drei Fällen handelt es sich bei den ungenauen Begriffen der »Gabe«, des »Tausches« und des »Opfers« um dieselbe Ökonomie des Vertrages: Ich binde mich an dich, indem ich mich von einem Gut löse, *also* bindest du dich an mich, indem du es annimmst, also schuldest du mir ein gleichwertiges Gut *(do ut des, da ut dem)*. Von nun an zerstört das Opfer nicht mehr, als die Gabe aufgibt, denn beiden geht es darum, ein Tauschverhältnis herzustellen bzw. wiederherzustellen. Oder genauer noch: Wenn das Opfer zerstört und die Gabe hin- bzw. preisgibt, dann geht es beiden jeweils allein darum, die Ökonomie der Reziprozität aufrechtzuerhalten.

Daraus aber muss man schließen, dass weder die Zerstörung, noch die Enteignung, noch der Horizont des Anderen es bereits erlauben, einen Begriff des Opfers zu bestimmen. Außer man würde ihn mit dem Begriff des Tausches durcheinanderbringen, um dann wieder bei derselben Ungenauigkeit zu landen, durch die auch schon die Gabe in Mitleidenschaft gezogen worden war. In diesem Zusammenhang wäre das Opfer bestenfalls als die Unbesonnenheit eines unabgeschlossenen Tausches zu bezeichnen, bei dem eine hin- bzw. preisgegebene Gabe noch nicht weiß, ob sie durch eine Annahme gebilligt wird, und schlimmstenfalls als die Illusion eines Vertrags, den niemals jemand mit demjenigen geschlossen haben würde, der sich auf einen solchen eingelassen hat. Wenn es sich nicht gar um eine Lüge dem Anderen oder sich selbst gegenüber handelt: Man tut so, als würde man bedingungslos auf etwas verzichten und hofft doch insgeheim oder unbewusst darauf, dass einem das einmal Verlorene hundertfach vergolten werde. Man müsste also vielmehr den Ausdruck als solchen des Opfers für ungeeignet erachten: als einen leeren und widersprüchlichen Begriff, für den dieselbe Widersprüchlichkeit gelten würde, den Derrida bereits dem Begriff der Gabe angekreidet hatte: »Die Wahrheit der Gabe [...] genügt, um die Gabe zu annullieren. Die Wahrheit der Gabe kommt der Nicht-Gabe, der Unwahrheit der Gabe gleich.«[6] Die Wahrheit des Opfers mündet im Tausch, d. h.

---

[6] J. Derrida, *Falschgeld. Zeit geben I*, übers. v. A. Knop und M. Wetzel, München 1993, 40.

in der Unwahrheit des Opfers, da es ja eigentlich in einer Hin- bzw. Preisgabe ohne Rückgabe bestehen sollte; die Wahrheit des Opfers läuft folglich auch auf die Wahrheit der Nicht-Gabe par excellence hinaus, d. h. der Bestätigung dessen, dass man überall dort, wo man von einem Opfer zu sprechen oder es zu (voll)bringen glaubt, in Wirklichkeit immer auf einen Tausch hofft, ein Tausch, der umso einträglicher ist, je mehr er vorgibt, alles verloren zu haben.

2. Die Wiedergabe seitens des Empfängers

Dennoch könnte sich ausgehend von der Aporie selbst und dank ihrer ein Weg eröffnen. Oder genauer gesagt, die Ausweitung der Aporie der Gabe auf das Opfer könnte bereits schon der Hinweis auf einen anderen Weg sein – vorausgesetzt allerdings, dass sie uns dazu führt, das Opfer gerade in seinem Bezug zur *Gabe* zu denken, die bislang vergessen wurde. Wir könnten also das Opfer nicht mehr nur ausgehend vom Tausch denken, also z. B. als Enteignung (ja sogar Zerstörung) eines Guts im Horizont des Anderen, sondern auch als ein Moment des Phänomens der Gabe und der Hin- bzw. Preisgabe.

Auf Anhieb schon kommt im Phänomen der Gabe viel mehr zur Erscheinung als nur der Tausch: Wie wir bereits darzulegen versucht haben (§ 16), kann und soll sich folglich auch die Gabe vom Tausch befreien, indem sie sich auf seine ursprüngliche Bedeutung der Gebung (frz. la donation) zurückführen lässt. Denn während die Ökonomie (des Tausches) immer auch zu einer Ökonomie der Gabe führt, nimmt sich die auf die Gebung reduzierte Gabe dagegen von der Ökonomie aus, indem sie sich von den Regeln des Tausches befreit. Die Gabe kann sich tatsächlich als eine wirkliche auch dann noch erweisen, selbst dann und vor allem dann, wenn jede der beiden Seiten innerhalb des Tauschverhältnisses reduziert wird: entweder ohne Geber oder ohne Empfänger – weil sie sich ohne Reziprozität freigibt –, und sogar ohne gegebene Sache – wie sie sich also auch von (dem Gedanken) der Gleichheit loslöst.[7] In ihrer Eigenschaft als eine Gabe, die auf die Gebung in sich reduziert wurde, stellt sie sich also in einer bedingungslosen Immanenz ein, die nicht nur dem Tausch nichts verdankt, sondern sogar noch die Bedingungen seiner Möglichkeit aus-

---

[7] Vgl. J.-L. Marion, *Étant donné. Essai d'une phénoménologie de la donation*, Paris 1997, ³2005, §§ 9–11.

löscht. Die reduzierte Gabe vollzieht sich durch sich selbst, mit einer *unbedingten* Freiheit – ihr fehlt niemals etwas, das ihr verbieten könnte, sich zu geben, da sie ja sogar ohne die beiden Seiten des Tauschverhältnisses zur Erscheinung kommt, ja sogar umso besser (§§ 17–18). Wenn sich also folglich die Gabe als eine *unbedingte* erweist, würde sie dann nicht auch das, was ihren eigentlichen Ort ausmacht, dem Opfer überlassen, weil ja auch dieses, genau genommen, behauptet (ohne freilich diese Behauptung bislang eingelöst zu haben), etwas ohne jede Bedingung zu geben und hin- bzw. preiszugeben? Es ginge also darum, das Opfer als eine Abwandlung der Gabe zu denken, die man dann genau genommen als *Hin- bzw. Preisgabe* (frz. *l'abandon*) bezeichnen könnte. Unter dieser Voraussetzung würde sich die Antwort auf die Aporie des Opfers also tatsächlich aus der Antwort auf die Aporie der Gabe ergeben – aus der Reduktion der Gabe auf die Gebung. Wir müssen also nun eine Reduktion des Opfers hin zur Gebung vornehmen, um dann die Hin- bzw. Preisgabe mit dem Phänomen der reduzierten Gabe zu verbinden.

Wo oder wann also taucht die deutlichste Aporie auf, wenn das Phänomen der Gabe zu seiner Entfaltung kommt? Genau in dem Augenblick, in dem die gegebene Gabe *erscheint*. Denn wenn das, was der Geber gibt (eine Sache, ein Seiendes, eine Angabe, ein Geschenk etc.), vollständig ans Licht kommt, beginnt die Gabe unweigerlich zu verblassen, um dann zu verschwinden. Denn tatsächlich kann die gegebene Gabe, die die feste Gestalt einer Sache oder eines Seienden annimmt, immer nur den vordersten Teil der phänomenalen Bühne einnehmen, um damit dann den ganzen Rest zu verbergen, ja sogar auszuschließen. Den ganzen Rest meint hier vor allem den Geber: Denn der Geber verschwindet in seiner eigenen Gabe. Er muss einerseits durchaus *etwas* geben, egal, welcher Status diesem Etwas auch zukommen mag (ein bloßes Zeichen des guten Willens oder eine Gabe an sich, nützlich oder unnütz, kostbar oder trivial, als Eröffnungs- oder Gegengabe etc.), ansonsten würde er nicht als ein Geber zur Erscheinung kommen, der tatsächlich gibt. Aber genau in dem Maße, wie er es tatsächlich und unwiderruflich gibt, lässt der Geber seine gegebene Gabe von sich los, lässt sie als solche, d. h. in ihrer Autonomie und Verfügbarkeit zum Vorschein kommen, damit der Empfänger über sie verfügen und sie in Besitz nehmen kann. Die Gabe wird nicht nur zu einem Phänomen, das unabhängig ist vom Phänomen des Gebers, sondern sie verschleiert diesen geradezu, sei es, dass sie ihn in den Hintergrund der phänomenalen Bühne drängt, sei es, dass sie ihn vollkommen verdeckt. Dieses Verschwinden des Gebers resultiert nicht aus einer subjektiven Böswilligkeit aufseiten des Empfängers, sondern aus der Definition selbst der gegebenen Gabe: Es ist also nicht die Undankbarkeit, die zur Verschleierung des Gebers führt, denn diese selbst ist das Ergebnis einer Phänomenalität der gegebenen Gabe, die in sich ausschließend und vereinnahmend ist. Der Geber muss verschwinden (oder zumindest in seiner Offenkundigkeit schwächer werden und in seiner Präsenz zurücktreten), damit die gegebene Gabe zur Erscheinung kommen kann (oder zumindest in ihrer Offenkundigkeit deutlicher werden oder auf der phänomenalen Bühne in den Vordergrund treten kann). Ist dies nicht der Fall, dann würde die gegebene Gabe als solche nicht nur nicht erscheinen, sondern sie wäre dann auch nicht wirklich gegeben: Ihr Empfänger würde es nicht wagen, sich ihr zu nähern und seine Hand nach ihr auszustrecken; er würde sogar zögern, sich als ihr Empfänger auszugeben, weil ja die Präsenz des Gebers weiterhin so bestimmend und übermächtig ist, dass die Gabe gleichsam noch wie in dessen Besitz erscheint. Der Empfänger[8] kann die gegebene Gabe nicht als die seine betrachten und sie sich auch nicht aneignen, solange er in ihr noch das Gesicht und die Macht ihres früheren Besitzers *sieht*. Der frühere Besitzer muss im Geber verschwinden, damit die Gabe als gegebene zu erscheinen beginnen kann; aber letztlich muss dann der Geber am Ende vollkommen verschwinden, damit die Gabe tatsächlich auch als gegeben erscheinen kann, d. h. als ein für alle Mal *hin-* bzw. *preisgegeben*.

Doch mehr noch. Weil also die Gabe tatsächlich nur dann erscheint, wenn ihr Geber verschwindet, endet die so hin- bzw. preisgegebene Gabe damit, in sich selbst nicht nur den Geber, sondern auch den eigentlichen Prozess der Gabe zu verbergen. Wenn eine Gabe nur ab dem Moment als tatsächlich gegeben erscheint, wo der Geber sie hin- bzw. preisgibt, dann gilt diese Hin- bzw. Preisgabe auch in der Gegenrichtung: Die gegebene Gabe erscheint, weil sie ihren Geber verlässt bzw. zurücklässt. Aber eine Gabe ohne jeglichen Bezug zu einem Geber lässt sich durch nichts mehr als ein Prozess der Gebung charakterisieren und erscheint daher auch gegenüber der Gabe in diesem Prozess als gleichgültig. Eine tatsächlich gegebene Gabe, die

---

[8] A.d.Ü.: Im frz. Orig. steht hier zwar »donateur« (Geber), aber von der Logik der Argumentation her müsste es meines Erachtens wohl »donataire« (Empfänger) heißen.

ihren Geber ausgelöscht hat, endet paradoxerweise damit, dass auch sie *als gegebene* verschwindet. Oder mehr noch, sie erscheint nur noch als ein *vorgefundener* Gegenstand: eine Sache, ein Seiendes oder ein Objekt, auf das ich, zufällig und ohne jeden Grund, stoße, sodass ich mich dabei fragen kann, welchen Status ich ihm zusprechen soll: Ist es hier aus eigenem Antrieb (wie eine reife Frucht, die vom Baum gefallen ist), durch die willentliche Absicht eines anderen (wie eine technische Anlage, ein Signal etc.), durch einen unbeabsichtigten Zufall (wie ein Gut, das sein zerstreuter Besitzer verloren hat oder das ihm gestohlen wurde), oder ist es möglicherweise tatsächlich von einem anonymen Geber hier niedergelegt worden, damit es entweder von einem zufälligen Finder oder einem ganz bestimmten Empfänger – irgendeinem anderen oder mir selbst – aufgegriffen werden soll? Dass ein vorgefundener Gegenstand noch irgendetwas mit einer Gabe zu tun hat, ist also keineswegs mehr selbstverständlich; es würde sich dabei um nicht mehr als eine Hypothese unter anderen handeln, und nicht einmal die wahrscheinlichste. Im äußersten Fall, und sofern meine Hermeneutik mich sie nicht als gegeben erkennen lässt (lassen will), verschwindet die Gabe als solche. Das Eigentliche der Gabe besteht folglich darin, einmal zugestanden, dass sie die Hin- bzw. Preisgabe impliziert, um erscheinen zu können, als gegebene zu verschwinden – und also nicht mehr erscheinen zu lassen als nur die neutrale, anonyme und ursprungslose Anwesenheit/Gegenwart (frz. présence) einer Sache, eines Seienden oder eines Objekts, die nur aus sich selbst, niemals von einem anderen herrührt – weder von einem Geber noch von einem Prozess einer gebenden Gabe. Die größte Aporie der Gabe rührt also aus diesem Paradox her, dass die gegebene Gabe nur erscheinen kann, wenn sie in ihrer Erscheinung sowohl ihren Geber als auch den Prozess ihrer Gabe und letztlich auch all das auslöscht, was sie als gegebene kennzeichnet.

Zwei Beispiele bestätigen dieses Paradox auf unmissverständliche Weise. Zunächst jenes, in dem der hl. Augustinus den Fall analysiert, in dem »ein Bräutigam seiner Braut einen Ring überreicht; aber diese liebt den Ring, den sie auf diese Weise erhalten hat, mehr als den Bräutigam, der ihn ihr gegeben hat; muss man sie daher nicht in der Gabe selbst, die ihr von ihrem Bräutigam überreicht worden ist, als ehebrecherisch ansehen, auch wenn sie das liebt, was ihr Bräutigam ihr gegeben hat? Gewiss, sie liebte das, was ihr Bräutigam ihr gegeben hat, aber wenn sie sagen würde: ›Dieser Ring genügt mir, jetzt will ich sein Gesicht nicht mehr sehen‹, was wäre sie dann? Wer würde einen

117

solchen Wahnsinn nicht verabscheuen? Wer würde sie nicht für eine Ehebrecherin halten? Du liebst das Gold statt deines Mannes, du liebst den Ring statt deines Bräutigams; wenn du es dir tatsächlich in den Kopf gesetzt hast, den Ring anstelle deines Bräutigams zu lieben und du ihn nicht mehr sehen willst, dann ist das Angeld, das er dir als Unterpfand seiner Liebe gegeben hat, zum Zeichen deiner Abneigung geworden.«[9] Natürlich geht es für den Theologen darum, am Beispiel dieser überzeichneten Undankbarkeit die Sünde generell als eine Haltung anzuprangern, die dazu führt, dass man zwar die Gaben Gottes liebt, Gott selbst aber, der sie gegeben hat, zurückweist. Und dennoch bleibt die phänomenologische Beschreibung der Gabe durchaus zutreffend: Die Braut sieht zuerst den Bräutigam, den Geber, dann die Gabe, den Ring. Die Absicht des Bräutigams bestand natürlich darin, dass die Braut immer dann, wenn sie die Gabe (den Ring) sieht, sein Gesicht sieht, das des Gebers. Er rechnete damit, dass er aus dieser phänomenologischen Struktur des Hinweises einen Nutzen ziehen würde: Das Phänomen des Rings, das seine eigene Sichtbarkeit darbietet und sie, darüber hinaus (frz. de surcroît), ausweitet und aufgrund ihrer Transparenz auf die (mangelnde) Sichtbarkeit des Gebers verweist, der durch dieses Indiz und diese Transparenz zum Nutznießer einer Sichtbarkeit zweiten Grades, einer erborgten Sichtbarkeit werden würde. So gibt also, in einem wohlverstandenen Tausch, der Geber, der als solcher unsichtbar ist, der sichtbaren Gabe das Sein, wohingegen die sichtbare Gabe diesem im Gegenzug eine Sichtbarkeit verleihen würde, die bereits eine übertragene wäre. Nun ist allerdings dieser Tausch, der scheinbar recht simpel ist (die Gabe des Seins für das Gegebene gegen die Gabe des Scheins für den Geber), phänomenologisch nicht haltbar: Denn tatsächlich sieht die Braut nur den Ring und will auch nur diesen sehen und eben nicht, weder mittels Indiz, Hinweis oder Transparenz, das *facies sponsi*, das Gesicht des Gebers. Die gegebene Gabe als solche (der Ring) nimmt auf An-

---

[9] »Quemadmodum, fratres, si sponsus faceret sponsae suae anulum, et illa anulum plus diligeret quam sponsum qui illum fecit anulum, nonne in ipso dono sponsi adultera anima deprehenderetur, quamvis hoc amaret quod dedit sponsus? Certe hoc amaret quod dedit sponsus; tamen si diceret: sufficit mihi anulus iste, jam illius faciem nolo videre, qualis esset? Quis non detestaretur hanc amentiam? Quis non adulterinum animum convinceret? Amas aurum pro viro, amas anulum pro sponso; si hoc est in te, ut ames anulum pro sponso tuo et nolis videre sponsum tuum, ad hoc tibi arrham dedit, ut non te oppigneraret, sed averteret« *(Kommentar zum Ersten Johannesbrief,* II,11).

hieb die ganze Sichtbarkeit in Beschlag und verurteilt den Geber dazu, aus dem Bereich des Sichtbaren zu verschwinden. Infolgedessen findet nicht nur der Bräutigam als Geber keinen Eingang mehr in das Phänomen der Gabe, sondern auch das, was die Gabe als gegebene kennzeichnet, wird dadurch ausgelöscht: Der Ring wird zum Besitz der Braut, die darin nur noch sich selbst sieht, die Besitzende. Mit dem Geber verschwindet auch die Gabe selbst.

Und tatsächlich verbirgt alles Seiende das, dessen Stempel es trägt, nämlich das Sein. Was der hl. Augustinus hier an einem besonderen Fall und unter einem bestimmten Blickwinkel beschreibt, deckt Heidegger für alles Seiende auf. Indem er das *Es gibt* als das umschreibt, was die Zeit und das Sein zur Erscheinung kommen lässt – weder das eine noch das andere *ist*, sodass man also bezogen auf sie sage müsse: *Es gibt* (frz. *cela donne*) –, beharrt er in der Tat auf der phänomenalen Besonderheit der Gabe, die (sich) in diesem *Es gibt* gibt: »Dieses entzieht sich zugunsten der Gabe, die *Es gibt* [Hervorhebung durch Marion] [...]. Ein Geben, das nur seine Gabe gibt, sich selbst jedoch dabei zurückhält und entzieht, ein solches Geben nennen wir das Schicken.«[10] Man versteht, dass das Geben *sich* selbst gerade *nicht* geben kann, eben weil es seine Gabe gibt (gegebene Gabe), sie als solche erscheinen lässt, und dass sie selbst, um dies zu erreichen, nicht nur im Hintergrund bleiben, sondern sich auch aus der Sichtbarkeit zurückziehen muss. Weil das *Es gibt* sowohl das Sein als auch die Zeit gibt (reicht, zuteilwerden lässt) (frz. dispenser), kann und darf es sich nicht selbst geben. Das Geben gibt nur das Gegebene, es gibt *sich* niemals selbst. Das Geben kann sich nicht durch ein *donum sui* verdoppeln, wie dies in der Metaphysik das *causa sui* von sich behauptet. Ist es uns möglich, diese Unmöglichkeit eines Prinzips noch besser zu verstehen? Möglicherweise dadurch, dass wir die Differenz als solche etwas genauer betrachten, nämlich die Differenz, die Heidegger nun nicht mehr als ontologische Differenz bezeichnet, sondern jetzt »Unter-Schied«[11] nennt. Was hier unterschieden ist, wird als der einzigartige *Austrag* bezeichnet, der sich zugleich als

---

[10] M. Heidegger, »Zeit und Sein«, in: *Zur Sache des Denkens*, hrsg. von F.-W. von Herrmann (GA 14), Frankfurt am Main 2007, 12.

[11] »Sein im Sinne der entbergenden Überkommnis und Seiendes als solches im Sinne der sich bergenden Ankunft wesen als die so Unterschiedenen aus dem Selben, dem Unter-Schied.« M. Heidegger, »Die onto-theologische Verfassung der Metaphysik«, in: *Identität und Differenz*, hrsg. von F.-W. von Herrmann (GA 11), Frankfurt am Main 2006, 71.

Sein und als Seiendes entfaltet, die beide sich zwar in ein und derselben Bewegung geben, in der Weise ihres Anwesens aber verschieden sind: »Sein zeigt sich als die entbergende Überkommnis. Seiendes als solches erscheint in der Weise der in die Unverborgenheit sich bergenden Ankunft. [...] Die Differenz von Sein und Seiendem ist als der Unter-Schied von Überkommnis und Ankunft der *entbergend-bergende Austrag* beider.«[12] Nichts ist tatsächlich einleuchtender als diese phänomenologische Beschreibung des *Es gibt:* Wenn es sich gibt (frz. cela se donne) oder genauer, wenn *es gibt* (frz. cela donne[13]), gelangt das Seiende in die Sichtbarkeit, weil es diese ausfüllt und vollkommen in Beschlag nimmt (so wie ein Zug bei seiner *Ankunft,* um diesen Begriff in seinem ganz alltäglichen Sinne zu verwenden, den Bahnhof mit Lärm und Rauch erfüllt und alle Blicke auf sich zieht). Aber die Sichtbarkeit, derer es sich auf diese Weise bemächtigt, kann es dennoch nicht selbst bewirken oder hervorrufen: Nur das Sein kann sie eröffnen oder entbergen, weil nur es allein genau in dieser Entfaltung besteht, es allein aus einer *Überkommnis* sich ereignet und dadurch einen Ort eröffnet, der dann möglicherweise durch die *Ankunft* eines Seienden besetzt werden kann. Diese Ankunft empfängt ihren Ort in der Überkommnis, aber indem sie ihn besetzt, verbirgt sie ihn auch schon und macht dadurch die Öffnung, aus der sie selbst kommt, unsichtbar. Indem das Seiende gewissermaßen die ganze Bühne für sich in Beschlag nimmt, macht sie diese selbst unsichtbar. Das Sein verschwindet folglich in der Offensichtlichkeit des Seienden, dessen Ankunft seine entbergende Überkommnis verdeckt. Das Seiende verdunkelt das Sein aufgrund einer phänomenologischen Notwendigkeit, die sich darin bezeugt, dass das Sein sich nie *ohne* das Seiende zeigt, allerdings auch nicht *als* Seiendes (wie *Sein und Zeit* nicht müde wird zu wiederholen). Der Prozess der Gebung des Gebens wiederholt hier also auf der ontologischen Ebene, nämlich im Austrag des Seins und des Seienden gemäß dem *Es gibt,* die Aporie der Gabe im Allgemeinen, die der hl. Augustinus bereits anhand theologischer Begriffe beschrieben hatte.

Es ist eine Eigentümlichkeit der gegebenen Gabe, dass sie ganz von selbst die Gebung in sich verbirgt; folglich gehört es auch zum

---

[12] Ebd.

[13] Wir verstehen es auch in dem trivialen Sinne, wie man im Französischen sagt: »cela donne«, um auszudrücken, dass etwas funktioniert (»cela fonctionne«) oder läuft (»cela marche«).

Phänomen der Gabe, sich selbst als solche zu verbergen. Kann daher das Phänomen des Opfers innerhalb dieser grundsätzlichen Aporie der Phänomenalität der Gabe überhaupt einen Platz finden? Und falls es sich darin zum Ausdruck bringen lässt, wäre es dann vielleicht sogar in der Lage, diese Aporie aufzulösen?

Das Gegebene steht eben durch seine Sichtbarkeit dem im Wege, was diese Sichtbarkeit möglich macht. Was also macht diese Sichtbarkeit möglich, wenn nicht der Prozess der Gebung selbst, durch den der Geber es als Gegebenes freigibt, indem er es seiner eigenen, autonomen Sichtbarkeit anvertraut?

Und dennoch muss man hier doch auch bemerken, dass die gegebene Gabe nicht nur (und auch nicht in erster Linie) den Geber verdeckt, etwa so, wie eine Wirkung sich von ihrer Wirkursache abhebt oder so, wie jemand, dem eine Gunst erwiesen wurde, durch seinen Undank sich weigert, diese anzuerkennen. Die Gabe als gegebene verbirgt den eigentlichen Prozess der gebenden Gebung, an dem der Geber zwar teilhat, ihn aber nicht von innen heraus konstituiert, da er ja selbst in ihm in den Hintergrund treten könnte, ohne dass diese dadurch schon aufgehoben wäre. Denn wie oben bereits gesagt, kann eine (reduzierte) Gabe nicht nur vollkommen möglich, sondern auch als solche völlig intakt sein, auch wenn der Geber unbekannt oder zwielichtig bleibt, ja ein solcher nicht einmal erwiesen ist. Selbst hier handelt es sich immer noch um eine der elementaren Gestalten einer Reduktion der Gabe auf die Gebung. Die Frage besteht also nicht darin, vom Gegebenen auf den Geber zurückzugehen, sondern vielmehr darin, sogar noch in der letztlich gegebenen Gabe (in einem Seienden, das zu seiner *Ankunft* kommt) den fortgeschrittenen Prozess ihrer Überkommnis zur Erscheinung kommen zu lassen, der seine Sichtbarkeit dadurch freigibt, dass er sie ihr gibt, oder allgemeiner gesagt, die Überkommnis selbst zur Erscheinung kommen zu lassen, die sie als Phänomen befreit (die *Überkommnis*, die das Sichtbare entbirgt). Es geht also darum, die Gabe als gegebene vorläufig auszusetzen, damit sie auf ihre eigene Art und Weise den Prozess ihrer Gebung zur Erscheinung kommen lässt, das Charakteristische des Gegebenen der Gabe (die *Gegebenheit*), bevor es wieder dadurch zerstört wird, dass das Gegebene zu einem bloßen Objekt verfällt, auf das man zufällig stößt. Es geht also nicht darum, die gegebene Gabe zugunsten des Gebers zu übergehen, sondern sie vielmehr wieder auf ihren Prozess der Gebung hin durchsichtig zu machen, indem man darin möglicherweise auch diesen Geber zur Erscheinung kommen lässt, zuerst und stets aber die Überkommnis, die diese Gabe im Sichtbaren freigibt. Die Frage weist hier also auf die Phänomenalität dieser Verweisung selbst hin: Es gilt der gegebenen Gabe die Phänomenalität ihrer Verweisungsstruktur zurückzugeben, einer Verweisungsstruktur, die sie durch eine Gebung in ihre Sichtbarkeit als Gabe einschreibt, die von anderswo herkommt als aus sich selbst. Die Gabe erscheint nur dann als solche, oder anders gesagt, nur dann als eine solche, die von anderswo herkommt als aus sich selbst, wenn sie in der Weise erscheint, dass sie nicht aufhört, auf dieses Anderswo zu verweisen, das sie gibt und ausgehend von dem sie sich als eine sichtbare gegeben erfährt.

Dass die gegebene Gabe die Verweisungsstruktur zur Erscheinung kommen lässt, aus der sie selbst herrührt, dies ist es auch, was die Bedeutung und die phänomenologische Funktion des Opfers bestimmt. Zu opfern bedeutet nicht, sich eines Guts zu entäußern (durch Zerstörung oder Enteignung), und sei es möglicherweise auch zugunsten eines Anderen, sondern die Verweisungsstruktur, aus der es herrührt, erscheinen zu lassen, indem man es in Richtung auf dieses Anderswo zurückgehen lässt (zurückkehren lässt), von dem es, in seiner Eigenschaft als gegebene Gabe, in seinem Innersten unwiderruflich und dauerhaft geprägt ist.[14] Das Opfer setzt infolgedessen eine bereits gegebene Gabe voraus, die es nicht zu zerstören, nicht zurückzuweisen und auch nicht an einen anderen Besitzer weiterzuleiten gilt, sondern die es zurückzustellen gilt in ihren Bezug zur Gebung, aus der sie herstammt und deren Spur sie eigentlich immer in sich tragen sollte. Das Opfer gibt die Gabe an die Gebung, aus der sie herstammt, zurück, indem es sie an die Verweisungsstruktur zurückverweist, die sie in ursprünglicher Weise konstituiert. Das Opfer geht nicht aus der Gabe hervor, wohnt ihr aber inne, und zwar in vollkommener Weise: Es bewahrt die Gabe in ihrem Status als gegebene, indem es sie in einer Hin- bzw. Preisgabe reproduziert. Das Opfer, diese Hin- bzw. Preisgabe, zeigt sich darin, dass es der Gabe ihre Gebung zurückgibt, weil es sie [die Gabe, A. d. Ü.] ausgehend von ihrem Ursprung wiederholt. Die Formulierung, die die Bedingungen der Möglichkeit der Gabe in vollkommener Weise zum Ausdruck bringt, findet sich in einem Vers der Septuaginta: τα σα τα πάντα καὶ ἐκ τῶν σῶν δεδώκαμέν σοι – alle Dinge sind dein, und indem wir von dem

---

[14] Es handelt sich dabei, nur um dies zu erinnern, um die drei Merkmale des Phänomens als einem gegebenen (vgl. *Étant donné*, a. a. O., § 13, 170–171).

genommen haben, was dein ist, haben wir es dir als Gabe dargebracht« (1 Chr 19,14)[15]. Eine Gabe geben, indem man sie von den Gaben nimmt, um sie zurückzugeben, eine Gabe geben an zweiter Stelle ausgehend von der ersten Gabe selbst, eine Gabe geben, indem die erste Gabe auf das zurückgewendet wird, das sie gibt und sie auf diese Weise ganz und gar als eine hin- bzw. preisgegebene Gabe erscheinen lassen, die von anderswoher kommt – das ist es, genau genommen, was das Opfer ausmacht, das darin besteht, die Gabe als eine gemäß der Überkommnis der Gebung gegebene Gabe sichtbar zu machen. Und das hat nichts mit einer Gegengabe zu tun, so als ob der Geber seinen Pflichtteil zurückbekommen (Tausch) oder eine zusätzliche Anerkennung (Dankbarkeit als symbolischer Lohn) erfahren müsste; es geht vielmehr darum, die Gabe als solche anzuerkennen, indem man den Prozess der Gebung in umgekehrter Richtung wiederholt und dabei die Gabe wieder in ihn hineinnimmt, um sie so vor einem möglichen Abfall auf die Stufe eines bloß zufällig gefundenen Objekts, eines Nicht-Gegebenen oder *Un-Gegebenen* (frz. *in-donné*) zu bewahren. Letztlich geht es also darum, am Ende nicht nur das Gegebene sichtbar zu machen, sondern den ganzen Prozess der Gebung als solchen (als *Überkommnis*), der ansonsten völlig unbemerkt, wie aus jeder Art der Phänomenalität vertrieben, bliebe.

Das Opfer gibt nicht das Gegebene dem Geber zurück, indem es dieses dem Empfänger wegnimmt, denn dann würde es sich um eine Aufhebung der ersten Gabe handeln. Das Opfer macht die Gebung dadurch sichtbar, dass es die Gabe als solche zurückgibt, und zwar als eine hin- bzw. preisgegebene Gabe – in einer Hingabe, von der keine Art der Besitzergreifung ihren Ursprung verbergen, noch ihren Status als eine gegebene verdunkeln kann. *Das Opfer bewirkt die Wiedergabe der Gabe in der Hingabe.*[16] Das Opfer verliert folglich nichts, vor allem nicht die Gabe, die es wieder-gibt (frz. re-donne); im Gegenteil, es gewinnt – es gewinnt die Gabe, die es umso mehr bewahrt, als es sie als solche zum ersten Mal zur Erscheinung bringt, als gegebene Gabe, als hin- bzw. preisgegebene, also letztlich als eine in seiner *Gegebenheit* bewahrte. Das Opfer gewinnt, ohne dass es dabei darum

---

[15] A. d. Ü.: Zitat ließ sich an der angegebenen Stelle nicht nachweisen.

[16] Frz. »Le sacrifice fait la redondance du don dans l'abandon.« Wir haben den frz. Ausdruck *redondance* mit *Wiedergabe* übersetzt, um einerseits dem Gedanken der *Verdoppelung*, *Wiederholung* und also der *Überfülle* und des *Überflusses* (Redundanz) Rechnung zu tragen, und andererseits auch das darin anklingende *redonner* (zurück-, wieder-, (immer) aufs Neue geben) zu Gehör zu bringen.

ginge, den Verlust in einen Gewinn umzumünzen (wie in der angeblich reinen Liebe zu Gott), so als müsste man zuerst viel verlieren, um dann durch Vergeltung noch mehr zu gewinnen. Das Opfer gewinnt durch Wiedergabe: Es dringt dadurch bis zum wahrhaften Phänomen der Gabe vor, dass es in ihr – indem es sie in der Hin- bzw. Preisgabe wieder-gibt – die Phänomenalität der Gebung wiederherstellt. Das Opfer gibt die Gabe seitens des Empfängers wieder (gibt sie hin) und lässt so die Gabe als solche im Lichte ihrer Gebung erscheinen und, zuweilen auch, zum Ruhme des Gebers.

3. Die Bestätigung Abrahams

Wir haben also nun das Opfer in seiner Phänomenalität dadurch bestimmt, dass wir es in den Rahmen einer Phänomenologie der Gabe eingeschrieben haben: Seine Funktion besteht darin, das zur Erscheinung kommen zu lassen, was die Gabe, sobald sie einmal gegeben ist, stets verdeckt und verdunkelt, nämlich den Prozess der Gebung selbst, sodass also ausgehend von der *Hin-* bzw. *Preisgabe der Gabe* dieser Prozess wieder in einer Weise zum Vorschein kommen kann, dass am Ende möglicherweise auch der Geber selbst wieder sichtbar wird. Lässt sich diese Bestimmung nun durch ein besonders charakteristisches Beispiel auch bestätigen? Zweifellos, denn wir müssen uns nur die Ereignisse um Abrahams Opfer, oder besser die *Nicht-* Opferung Isaaks, vor Augen führen, wie sie in Genesis 22,1–19 berichtet werden. Ohne den grundlegend theologischen Status dieser Erzählung gänzlich aus dem Blick zu lassen (wie könnte man das auch?), wollen wir den Versuch einer Interpretation dieser Erzählung wagen und uns dabei an der Phänomenalität der Hin- bzw. Preisgabe als Leitfaden orientieren.

Es geht ganz ohne Zweifel um ein Opfer – das als solches auch genauer präzisiert wird: »Nimm deinen Sohn [...] Isaak [...] und bring ihn dort auf einem der Berge, den ich dir nenne, als Brandopfer dar.« (Gen 22,2) –, aber um ein Opfer, das eben gar nicht stattfindet, zumindest wenn man sich an die gängige Bestimmung des Opfers als Zerstörung oder Enteignung hält, wie sie einem vertraglich geregelten Tauschverhältnis zugrunde liegt. Will man das Opfer, um das es hier geht, begreifen, so setzt dies paradoxerweise voraus, zu begreifen, warum Isaak *nicht* geopfert worden ist (»Abraham ging hin, nahm den Widder und brachte ihn statt seines Sohnes als Brandopfer dar«, 22,13). Es gilt genauer gesagt zu begreifen, warum nach dem biblischen Bericht, obwohl es doch gemäß der allgemeinen Überzeugung gar kein Opfer (keine Zerstörung Isaaks) gegeben hat, Gott dennoch zufriedengestellt wurde, wie er dies ja auch zu erkennen gibt: »Denn jetzt weiß ich, daß du Gott fürchtest« (22,12). Dies kann nur darum so sein, weil dieser Bericht nicht der gängigen Bestimmung des Opfers folgt, sondern von einem phänomenologischen Begriff des Opfers ausgeht – dem eines Opfers, das ausgehend von der Gabe als Hin- bzw. Preisgabe gedacht wird, und dem einer Gabe, die auf die Gebung zurückgeführt wird. Das ist es, was man hier festhalten muss.

Ein Erstes scheint hier klar zu sein: Gott verlangt von Abraham ein Opfer, ja sogar ein Brandopfer (also ein solches, bei dem das Opfer durch das Feuer vollständig vernichtet wird und daher, im Gegensatz zu anderen Opfern, nichts zurücklässt, was sich zwischen Gott, dem Priester und dem Opfernden aufteilen ließe). Dieses Opfer, das verlangt wird, trifft Isaak, den einzigen und folglich auch erstgeborenen Sohn Abrahams. Handelt es sich hierbei um ein Opfer im herkömmlichen Sinne des Wortes? Eben gerade nicht, weil Gott von Abraham nichts Außergewöhnliches verlangt; und er mit ihm auch keinerlei Vertrag abschließt; er nimmt schlicht und einfach nur Isaak zurück, der ihm ja schon gehört, und dies sogar mit doppeltem Recht: Zuerst deshalb, weil selbstverständlich nach dem Gesetz alle Erstgeborenen Gott gehören: »Den Erstgeborenen unter deinen Söhnen sollst du mir geben. Ebenso sollst du es mit deinen Rindern, Schafen und Ziegen halten. Sieben Tage sollen sie bei ihrer Mutter bleiben, am achten Tag sollst du sie mir übergeben.« (Ex 13,2) Oder auch: »Erkläre alle Erstgeburt als mir geheiligt!« Alles, was bei den Israeliten den Mutterschoß durchbricht, bei Mensch und Vieh, gehört mir.« (Ex 13,2) Die Frage, die sich stellt, lautet also, was in Wirklichkeit mit diesem Gehören und Heiligen impliziert ist. Die Antwort darauf variiert, je nachdem, ob es um ein tatsächliches Töten (im Fall der über die Erstgeborenen Ägyptens verhängten Plage, Ex 12, 29–30), das rituelle Opfer von Tieren im Tempel oder das »Auslösen« der Erstgeborenen Israels – so explizit von Gott gefordert (Ex 13,11–15; 34,19; Num 18,14), der die Menschenopfer verbietet[17] – geht. In diesem Sinne gehört Isaak zuerst Gott, bevor er seinem Vater, in diesem Fall Abra-

---

[17] Vgl. dazu die Analyse von R. de Vaux, *Les sacrifices de l'Ancien Testament*, Paris 1964.

ham, gehört, was gleichermaßen auch für alle anderen Erstgeborenen
– in erster Linie Israels, aber auch aller anderen Völker – gilt.

Gott hat jedoch noch ein weiteres Recht, Isaak zu fordern, das
ebenso, wenn auch auf andere Weise, grundlegend ist: Isaak gehört
tatsächlich *nicht* Abraham, der ihn gar nicht, weder er, noch übrigens
auch seine Frau, zeugen konnte (»Abraham und Sara waren schon alt,
sie waren in die Jahre gekommen. Sara erging es längst nicht mehr,
wie es Frauen zu ergehen pflegt«, Gen 18,11). Isaak gehört also von
Anfang an und kraft eines Wunders Gott allein: »Hat denn ein Wort
von Gott keine Kraft? Zu dieser Zeit übers Jahr werde ich zu dir zurückkehren und Sara wird einen Sohn haben.«[18] Und tatsächlich:
»Der Herr nahm sich Saras an, wie er gesagt hatte, und er tat Sara
so, wie er versprochen hatte. Sara wurde schwanger und gebar dem
Abraham noch in seinem Alter einen Sohn zu der Zeit, die Gott an-
gegeben hatte.« (Gen 21,1–2) Daher, und dem Gesetz nach, ist Isaak,
ein Kind der Verheißung des göttlichen Allmächtigen, dem Abraham
gleichsam nur wie ein reines Geschenk (frz. don) zugekommen, völlig
unerwartet, weil außerhalb jeder Hoffnung liegend, aber keinesfalls
als etwas, das er besitzen würde oder aus sich selbst hervorgebracht
hätte. Aber dieses Geschenk bzw. diese Gabe verschwindet gleichwohl
wieder sehr schnell, und zwar sobald Isaak als solcher in Erscheinung
tritt, das heißt als Sohn Abrahams, oder genauer gesagt, als das, was
Abraham als seinen Sohn einfordert: »Abraham nannte den Sohn,
den ihm Sara gebar, Isaak. [...] Das Kind wuchs heran und wurde
entwöhnt. Als Isaak entwöhnt wurde, veranstaltete Abraham ein gro-
ßes Festmahl.« (Gen 21, 3.8) In gleicher Weise betrachtet auch Sara
Isaak als ihr Eigentum, da sie sich ja mit ihm als *ihrem* Sohn brüstet
(»Und nun habe ich ihm im Alter noch einen Sohn geboren«, Gen
21,7), und da sie ja sogar den anderen, leiblichen Sohn Abrahams,
den dieser mit Hagar hatte, als möglichen Konkurrenten verstoßen
lässt (Gen 21,9–14). Folglich zielte also der Anruf, der von Gott an
Abraham erging, in erster Linie darauf, der Wahrheit dadurch wieder
zu ihrem Recht zu verhelfen, dass diese unrechtmäßige Aneignung in
aller Deutlichkeit offengelegt werden sollte: »Nimm deinen Sohn,
deinen einzigen, den du liebst« – denn Isaak ist ja gerade *nicht* der
Besitz Abrahams, der ihn daher auch nicht als einen solchen lieben

---

[18] Wir übersetzen Gen 18,14 gemäß der Übersetzung der Septuaginta: μη ἀδυνατεῖ
παρα τῶ θεῶ ρημα entsprechend zu Lk 1,37, das es zitiert: ουκ ἀδυνατήσει παρα τῶ
θεῶ παν ρημα.

soll. Das Verlangen nach einem Opfer stellt dieser widerrechtlichen Aneignung, die die gegebene Gabe zu einem Besitz herabwürdigt, das ursprünglichere Anrecht des Gebers darauf gegenüber, dass seine Gabe auch tatsächlich als eine gegebene Gabe anerkannt und damit letztlich auch das Nutzungsrecht an ihr als ein immer nur einstweiliges, übertragbares und veräußerbares in Kauf genommen werde: »Geh in das Land Morija, und bring ihn dort auf einem der Berge, den ich dir nenne, als Brandopfer dar« (Gen 22,2). Abraham versteht diesen Anruf weniger dahingehend, dass von ihm verlangt werde, seinen Sohn zu töten, als dass er ihn verlieren werde und ihn als Besitz Gottes an diesen zurückzugeben habe (gemäß dem üblichen Begriff der Gabe), und dass er ihm zuerst und vor allem seinen Status als Gabe zurückzugeben habe, oder genau genommen ihn auf seinen Status als gegebene Gabe zurückzubringen habe, indem er ihn auf die Gebung reduziert (zurückführt): streng genommen also ihn hin- bzw. preiszugeben habe, um die Wiedergabe (frz. redondance) der ersten Gabe zu gewährleisten.

Und Abraham vollzieht diese Reduktion und erfüllt diese Hin- bzw. Preisgabe auf die klarste und eindeutigste Art und Weise, die man sich vorstellen kann. Issak, der ganz unwillkürlich entsprechend dem gängigen Begriff des Opfers seine Schlüsse zieht, stellt selbstverständlich fest, dass sein Vater nichts bei sich hat (d. h. nichts *besitzt*), was er opfern (zerstören oder im Rahmen eines Vertrags tauschen) könnte: »Wo aber ist das Lamm für das Brandopfer?« (Gen 22,7) Abraham wiederum, der selbst bereits entsprechend dem phänomenologischen Begriff des Opfers argumentiert, antwortet darauf, dass »Gott sich das Opferlamm aussuchen (wird)« (22,8) – was nichts anderes heißt, als dass Gott über alles entscheidet, einschließlich dessen, was man ihm opfern wird. Also werden weder Abraham noch Isaak Gott irgendetwas geben können, außer dem, was Gott selbst zuvor und als Erster ihnen gegeben haben wird. Oder anders gesagt: Jede Gabe, die man Gott gibt, kommt zuerst als eine Gabe zu uns, die Gott uns gegeben hat. Der Ort des Opfers heißt daher auch »Gott sorgt vor«, Morija (Gen 22,14). Man muss hier bemerken, dass es im Hebräischen הראי, *yirha* (von der Wurzel *raha*, sehen, voraussehen, vorsorgen) heißt; aber die Septuaginta übersetzt es zunächst – was den Namen angeht, den Abraham dem Berg gibt – mit *Gott hat gesehen*, εἶδεν (Aorist von ὁραώ, und dann – was den Namen betrifft, den der Berg seither trägt – mit ὡφθη, *Gott zeigte sich* (Aorist Passiv von ὁραώ.). Es sieht daher ganz so aus, als ob die Tatsache, dass Gott sieht und vorsorgt, also ganz offensichtlich auch die (stellvertretende) Opfergabe für das Opfer *gibt*, oder anders gesagt, als ob die Tatsache, dass Gott *die zu gebende Gabe gibt*, d. h. die Gabe als solche (die durch den Geber gegeben wurde) zur Erscheinung kommen lässt, dem gleichkäme, dass der Geber selbst erscheint, dass Gott *sich zu sehen gibt*. Gott gibt sich folglich zu sehen, insofern er in ursprünglicher Weise gibt, insofern er zu sehen gibt, dass jede Gabe von ihm her kommt. Gott erscheint als der Geber, den die Gaben, die Abraham schließlich hin- bzw. preisgegeben hat, in dem Maße zur Erscheinung bringen, wie sie auf ihn zurückgehen. Die Gaben *gehen* auf Gott *zurück* in dem doppelten Sinne, wie sie zu ihm zurückkehren, von dem sie herrühren, und wie sie in letzter Instanz ihm gehören.

Abraham, und nur er, sieht daher (der Text sagt nicht, dass Isaak etwas sieht), dass Gott allein die Gabe des Brandopfers gibt, sodass Gott ihm folglich weiterhin erscheint. Aber er hatte Gott bereits von dem Moment an als den Geber der Gaben erkannt, als er bereit war anzuerkennen, dass Isaak letztlich die eigentliche Gabe war, die Gott ihm gegeben hatte und die er ihm zu verdanken hatte. Diese Hin- bzw. Preisgabe der Gabe Isaaks durch Abraham, eine Hin- bzw. Preisgabe, die diese an ihren Geber zurückgibt und sie damit als eine gegebene anerkennt, bringt all das zur Vollendung, was Gott eigentlich vom Opfer erwartete. Dass Abraham seinen Sohn für Gott töten, vernichten oder eintauschen soll, damit er das verlangte Opfer (gemäß dem gängigen Begriff) erfülle, ist von nun an überhaupt nicht mehr die Frage; viel wichtiger ist vielmehr und ganz allein, dass er (gemäß dem phänomenologischen Begriff der Gabe) seinen Sohn als gegebene Gabe erkennt und dass er diese Gabe als solche dadurch anerkennt, dass er sie an ihren Geber zurückgibt (sie hin- bzw. preisgibt) und damit Gott durch seine Gabe hindurch erscheinen lässt, eben genau dadurch, dass er diese *als gegebene Gabe* (an)erkennt. Und Gott versteht ihn durchaus auch so, da er ja diese Wiedergabe der Gabe dadurch für gültig erklärt, dass er Issak verschont. Man muss allerdings deutlich sehen, dass Gott dadurch, dass er Abraham davon abhält, seinen Sohn zu töten, nicht sein Opfer zurückweist (so wie er das Opfer des Kain zurückwies, Gen 4,5), sondern nur dem Töten selbst ein Ende bereitet, weil dieses ja nicht zum Wesen des Opfers gehört. Der tatsächliche Tod Isaaks hätte ja nur wieder den herkömmlichen Begriff des Opfers (Zerstörung, Enteignung, Tausch und Vertrag) in seiner Gültigkeit bestätigt. Gott hält also Abraham im Grunde genommen gar nicht auf, sondern er lässt ihn bis zum Ende des Opfers gehen – dieses allerdings verstanden in seinem phänomenologischen Begriff –, bis zur Anerkennung Isaaks als eine von Gott empfangene und Gott hin- bzw. preisgegebene Gabe. Und um dies zu erkennen bzw. anzuerkennen, muss man nur die Hin- bzw. Preisgabe Isaaks durch Abraham anerkennen – eine Anerkennung, die nicht mit seinem Tod, sondern bereits mit seiner Annahme als einer überschwenglichen Gabe (frz. don éperdu) zu ihrer Erfüllung gelangt. »Der Engel sprach: ›Streck deine Hand nicht gegen den Knaben aus, und tu ihm nichts zuleide! Denn jetzt weiß ich, daß du Gott fürchtest; du hast mir deinen einzigen Sohn nicht vorenthalten.‹« (Gen 22,12) Auch wenn Gott die Tötung Isaaks untersagt, versagt er darum aber nicht auch seine Anerkennung für die von Abraham dargebrachte Gabe, ja er nimmt ein solches Opfer sogar umso lieber an, als dieses nun im streng phänomenologischen Sinne der Hin- bzw. Preisgabe verstanden ist. Indem Gott Isaak, der nun (von Abraham) als Gabe (Gottes) (an)erkannt ist, verschont, gibt er ihn Abraham wieder (zurück) (frz. re-donne), gibt er ihn ein zweites Mal und macht ihn damit durch eine Wiedergabe (frz. redondonce) zu einer Gabe, die ihn nun endgültig als eine zwischen dem Geber und dem Empfänger geteilte und endlich auch sichtbar gewordene Gabe bestätigt. Die Hin- bzw. Preisgabe wiederholt (frz. redouble[19]) die Gabe und bestätigt bzw. heiligt sie (frz. le consacre) zum ersten Mal auf sichtbare Weise.[20]

Folglich kann man auch mit Levinas von einer »Annäherung des Unendlichen im Opfer«[21] sprechen, weil »opfern nicht töten, sondern preisgeben und geben (heißt)«, wie Bataille zu Recht bemerkt.[22] Oder

---

[19] A. d. Ü.: Das frz. *redoubler* muss hier in seiner ganzen Bedeutungsvielfalt verstanden werden, also auch im Sinne von *verdoppeln, vergrößern, steigern, mehren*.

[20] Der Tod Christi stellt ein Opfer in *diesem* Sinne dar: Indem er seinen Geist, den der Vater ihm gegeben hat, wieder in dessen Hände legt, gibt sich Jesus ganz hin und verschwindet dann unmittelbar dadurch, dass er den Vater zur Erscheinung bringt (der Vorhang im Tempel, der Gott von den Menschen trennte, riss von oben bis unten entzwei, Mt 27,51). Und gleichzeitig erscheint, in dem toten Jesus, der Christus, der Sohn *des Vaters*, hingegebene Gabe und daher sichtbar geworden als Gabe: »Wahrhaftig, das war Gottes Sohn!« (Mt 27,54) Vgl. dazu auch unsere Ausführungen in »La reconnaissance du don«, in: *Revue catholique internationale Communio*, XXXIII/1, Januar 2008 (wieder abgedruckt in: *Le croire pour le voir*, Paris 2010, Kap. 9).

[21] E. Levinas, »Rätsel und Phänomen«, in: *Die Spur des Anderen*, Freiburg/München ³1992, 258.

[22] G. Bataille, *Theorie der Religion*, hrsg. v. G. Bergfleth, übers. v. A. Knop, München 1997, 43. Oder ähnlich auch J. Ratzinger: »Christliches Opfern besteht nicht in einem Geben dessen, was Gott ohne uns nicht hätte, sondern darin, dass wir ganz Empfangende werden und uns ganz nehmen lassen von ihm. Das Handelnlassen Gottes an

man wird hier auch, und zwar in einem direkteren Bezug zur phänomenologischen Aporie des *Es gibt*, wie Heidegger sie beschrieben hatte, mit J. Patočka an ein Näherkommen des Erscheinens im Opfer
denken können: »*Es gibt* Sein im Opfer: Das Sein ›gibt‹ sich uns, nicht
mehr in seinem Entzug, sondern ausdrücklich. Dies ist eine Gunst,
eine Gunst allerdings, derer nur gewahr wird, wer in dieser scheinbar
negativen Erfahrung zugleich auch die Kehre des Seins wahrnehmen
kann, das sich ihm zukehrt, und zu begreifen vermag, dass diese äu-
ßerste Not zugleich den Zugang zum größten Reichtum eröffnet,
nämlich zu dem, was allen alles gibt.«[23]

In all diesen Fällen geht es freilich um einen phänomenologischen Begriff des Opfers – verstanden als das, was die Gabe hin- bzw.
preisgibt, um das in ihr reduzierte Gegebene zur Erscheinung kommen zu lassen und, möglicherweise, auch seinen Geber. Es geht um
die in der Referenz auf die Gabe dem Geber erwiesene Reverenz –
und Thomas sprach wohl in unser aller Namen, als er das eine mit
dem anderen verknüpfte: »Jedes Werk der Tugend kann als Opfer
bezeichnet werden, sofern es Gott die Ehre erweist.«[24]

Aus dem Französischen von Alwin Letzkus

---

uns – das ist das christliche Opfer.« (*Einführung in das Christentum. Vorlesungen
über das apostolische Glaubensbekenntnis*, München 1968, 233.)

[23] J. Patočka, »Les périls de l'orientation de la science vers la technique selon Husserl
et l'essence de la technique en tant que péril seolon Heidegger« [1976], in: J. Millon
(éd.), *Liberté et sacrifice. Ecrits politiques*, trad. Fr. E. Abrams, Paris 1990, 266. [dt.
J. Patočka, »Die Gefahren der Technisierung in der Wissenschaft bei Edmund Husserl
und das Wesen der Technik als Gefahr bei Martin Heidegger«, in: Ders., *Die Bewegung der menschlichen Existenz. Phänomenologische Schriften II*, hrsg. v. K. Nellen,
J. Němec und J. Srubar (Ausgewählte Schriften, Bd. IV), Stuttgart 1991, 330–359.
Das Zitat konnte allerdings in diesem Text, der die zweite, von Patočka überarbeite
Version des Vortrags darstellt, den er für den Philosophenkongress 1973 in Varna
verfasst hat, nicht nachgewiesen werden.]

[24] Thomas von Aquin: »Omne opus virtutis dicitur esse sacrificium, inquantum ordi-
natur ad Dei reverentiam« (*Summa Theologiae*, IIa, q. 81, a. 4, ad 1m). Vgl. auch den
hl. Augustinus, der die Opfer als »opera misericordiae, sive in nos ipsos, sive in pro-
ximos, quae referuntur ad Deum« definiert (*De civitate Dei*, X, 6).

Olivier Artus

Sabbatjahr und Jubeljahr in Levitikus 25

Wir sind mit den Organisatoren dieses Seminars zum Thema »Gabe und Gemeinwohl« übereingekommen, dass die Gesetzessammlung in Lev 25 eine interessante biblische Stelle darstellen könnte, insofern hier nicht nur das biblische Vokabular der Gabe benutzt wird, sondern durch die Gesetzgebung des Jubeljahres (יבל) auch eine Korrelation etabliert wird zwischen der »göttlichen Geste« gegenüber Israel und den »brüderlichen Gesten«, die die Israeliten angehalten sind, sich gegenseitig zu erweisen. Mehrere Bemerkungen müssen gemacht werden, bevor man sich in die Analyse des Textes selbst begibt: Zum einen ist die Interpretation des Textes nicht eindeutig. Er lässt sich nicht so einfach »benutzen« als »biblische Illustration« im Rahmen eines generellen Themas wie »Gabe und Gemeinwohl«. Lev 25 stellt einen Ort der Ausarbeitung der biblischen Theologie dar, an dem sich erkennen lässt, wie Theologie der Schöpfung und Theologie des Heils übereinkommen, um eine Reihe neuer Vorschriften zu begründen.

Die Interpretation dieser Vorschriften selbst ist schwierig: Was ist der »Status« des Textes von Lev 25? Versammelt er Vorschriften sozialer Ethik, die unmittelbar anwendbar sind, wie Jean-François Lefebvre[1] vertritt, oder hat man es vielmehr mit einer »juristischen Utopie« zu tun, einer »Metanorm«, um die Wortwahl von Frank Crüsemann[2] aufzunehmen, d. h. einem durch eine juristische Form ausgedrückten Prinzip, das Handlungsaktionen vorschlägt, jedoch keine »Gesetzeskraft« hat. Darüber hinaus stellt Lev 25 einen Ort der »Rezeption« und »Neuinterpretation« früherer biblischer Traditionen dar (das Gesetz des Bundes, das deuteronomische Gesetz, Priesterge-

---

[1] Vgl. J. F. Lefebvre, *Le Jubilé biblique. Lv 25 – Exégèse et Théologie*, OBO 194, Göttingen 2003, siehe z. B. 391 und 395.

[2] Vgl. F. Crüsemann, *Die Tora. Theologie und Sozialgeschichte des alttestamentlichen Gesetzes*, München 1992, 228.

setze). Man kann hier daher den Prozess der »innerbiblischen Hermeneutik« aufzeigen, der Auskunft gibt über die Abfassung des Textes.

1. Allgemeine Darstellung von Lev 25

1.1. Lev 25 im diachronischen Kontext des Heiligkeitsgesetzes

Lev 25 befindet sich innerhalb des »Heiligkeitsgesetzes«, eine Gesetzessammlung, welche die Vorschriften von Lev 17–26 umfasst. Der diachronische Status von Lev 17–26 wurde lange Zeit sehr unterschiedlich beurteilt[3], obgleich die Mehrzahl der Autoren heute anerkennen, dass es sich um eine Sammlung aus der persischen Zeit handelt, deren Erstellung zeitlich zusammenfällt mit den großen literarischen Abfassungen (des Hexateuchs und des Pentateuchs), welche im 5. Jahrhundert an der Schaffung eines Kompromisses arbeiteten zwischen den vorrangigen theologischen Strömungen, die sich hinsichtlich der Frage der Abfassung der Tora seit dem Exil (priesterliches Tritoteuch, Deuteronomium) entwickelt haben.

Eckart Otto[4] verbindet deshalb H *(d.h. das Heiligkeitsgesetz, Anm. d.Ü.)* mit der Abfassung des Pentateuchs im 5. Jahrhundert, in der persischen Zeit, d.h. er fasst H als eine literarische Abfassung Post-P, post-Deuteronomium, auf. Ebenso betrachtet Christophe Nihan H als eine Post-Deuteronomium und Post-P Abfassung, was die Einführung von D und P in der gleichen Tora ermöglicht, zur Zeit der persischen Epoche, am Ende des 5. Jahrhunderts[5], jedoch unabhängig von der Abfassung des Pentateuchs. Nach Nihan entfaltet H eine spe-

---

[3] K. Elliger (vgl. Art. »Heiligkeitsgesetz«, RGG, 1959, col. 175–176) betrachtet die Gesetze in Lev 17–26 als die Fortsetzung der Priesterschrift P[g], jedoch zeitlich vor der Einführung der juristischen Zusätze P[s]. E. Blum (vgl. *Studien zur Komposition des Pentateuch*, BZAW 189, Berlin/New York 1990, 318 ff.) ebenso wie I. Knohl (vgl. ders., *The Sanctuary of Silence: The Priestly Torah and the Holiness School*, Minneapolis 1995) und J. Milgrom (vgl. ders., *Leviticus 1–16; 17–22; 23–27*, 13–42 und 1319–1443, New York 1991/2000/2001) kommen zu dem Schluss, dass H *(Heiligkeitsgesetz, Holiness Code)* abhängig ist von P, schlagen jedoch für beide Schriften eine ziemlich hohe zeitlich Datierung vor.

[4] Vgl. E. Otto, *Das Deuteronomium im Pentateuch und Hexateuch: Studien zur Literaturgeschichte von Pentateuch und Hexateuch im Lichte des Deuteronomiumrahmens* (FAT, 30), Tübingen 2000.

[5] C. Nihan, *From Priestly Torah to Pentateuch. A Study in the Composition of the*

zifische Theologie, verbreitet in der gesamten Tora, deren Teile man einer »Heiligkeitsschule HS«[6] (siehe Ex. 12,43–49; 31,12–17; 35,1–3; Nb. 9,13–14; 15,32–36; 15,37–41; …) zuschreibt. Diese unterschiedlichen Hypothesen betreffen vor allem den Bereich der Geschichte der Textabfassung. Diese Geschichte hat als logische Folge eine theologische »Stellungnahme« von H zu P. Die Studie von Christophe Nihan hilft, die zwischen P und H stattgefundene Verschiebung zu begreifen bezüglich des Orts und der Art und Weisen der *Heiligung*. Dies erscheint eindeutig in Lev 18–20, wo die Kategorie der Heiligkeit neu interpretiert wird: Wenn bei P die Heiligkeit statisch und an das Heiligtum, bzw. an das, was es enthält, sowie an die Priester und das priesterliche Personal gebunden scheint, so ist in H die Heiligkeit ein Ziel, zu dem die Gesamtheit der Gemeinschaft Israels berufen ist. Die Kategorie der Heiligkeit umfasst von da an alle Aspekte der Religion Israels und der Ethik. Die Heiligung der Gemeinschaft durch den Gehorsam der Gesetze ersetzt nicht die Vermittlung des Kults, sondern ergänzt diese: Somit ist, im Gegensatz zur Perspektive von P, die Kategorie der Heiligkeit ausgedehnt auf die Bereiche jenseits des Heiligtums. Anders als bei D, wird Israel bei H nicht durch sein Verhältnis zur Erde definiert, sondern durch den Gehorsam an ein Gesetz, das eine Folge des Exils ist, und das Israel von den Nationen der Welt trennt, um es Gott zu weihen. Ein Dokument des theologischen Kompromisses ist H sicherlich auch in sozio-ökonomischer Hinsicht: Das Gesetz des Jubeljahrs in Lev 25 hat unter anderem zum Ziel, soziale Spannungen zu reduzieren und eine Gleichheit unter den Mitgliedern der Gemeinschaft Israels zu begründen. Um eine ziemlich anachronistische Kategorie zu verwenden, ließe sich, alles in allem, die von Christophe Nihan dargelegte Weiterentwicklung zwischen der Abfassung von P und jener von H in Begriffen der »Demokratisierung« beschreiben.

Tatsächlich obliegt es Mose, nach den priesterlichen Kultgesetzen und den priesterlichen Zusätzen, die ihnen beigefügt sind (Ex 25-Lv 16$^{P + Ps}$), die Elemente des Heiligtums bereitzustellen und diese zu weihen – gemäß einer Perspektive, die den für den Dienst am Heiligtum bestimmten Priestern eine »Sonderstellung« einräumt (Ex

---

Book of Leviticus, Forschungen zum Alten Testament, 2. Reihe 25, Tübingen 2007, 546 f.

[6] HS: Holiness School, vgl. C. Nihan, *Priestly Torah*, a. a. O., 559 f.

29,33.36.37; 30,39.30; 40,13) und ihre spezifische Rolle in der Heiligung Israels betont (Lev 16,19). Im Gegenteil hierzu legt das Heiligkeitsgesetz wiederholt Nachdruck auf die *kollektive* Verantwortung Israels in der Heiligung:

> Lev 19,2: »Rede mit der ganzen Gemeinde der Israeliten und sprich zu ihnen: *Ihr sollt heilig sein, denn ich bin heilig, der HERR, euer Gott.*«[7]

> Lev 20,26: »Darum sollt ihr mir heilig sein; denn ich, der HERR, bin heilig, der euch abgesondert hat von den Völkern, dass ihr mein wäret.«

> Lev 20,7: »Darum heiligt euch und seid heilig; denn ich bin der HERR, euer Gott.«

> Lev 25,10: »Und ihr sollt das fünfzigste Jahr heiligen und sollt eine Freilassung ausrufen im Lande für alle, die darin wohnen; es soll ein Erlassjahr für euch sein. Da soll ein jeder bei euch wieder zu seiner Habe und zu seiner Sippe kommen.«

Die durch Lev 19,2 eingeführten Vorschriften beginnen mit einem umgekehrten Zitat des Dekalogs (Lev 19,3–4) und erstrecken sich auf das ganze Gebiet des täglichen Lebens: Kult (Lev 19,5–7) und Opfer der ersten Ernten (Lev 19,23 f.), Reinheitsregeln (Lev 19,19) und sexuelle Gesetze (20,8 f.), ethische Regeln bezüglich der Ärmsten und die Ausübung des Rechts (Lev 19,9–10.15 f.). Sie setzen ein weites Verständnis der Gemeinschaft Israels voraus und sind offen für fremde Bewohner (Lev 19,33–34).

Das Jubeljahrgesetz wird in Lev 25,10 dargestellt als ein Mittel zur Heiligung der Zeit und als solches betrifft es die Verantwortung eines jeden; gleichzeitig bedeutet es eine Erinnerung an die Souveränität Gottes über die Erde, dessen alleiniger Besitzer er ist (Lev 25,23 f.). Im Heiligkeitsgesetz erscheint damit YHWH als die Quelle aller Heiligkeit (Lev 19,2; 20,26; 21,8), er heiligt die Priester (Lev 21,15; 22,9) wie auch die gesamte Gemeinschaft Israels (Lev 20,8; 22,32), die ihrerseits eine kollektive Verantwortung ausübt in der Heiligung des Landes (Lev 22,32).

---

[7] Anm. d. Übers.: Hier und im Folgenden sind Bibelzitate der Ausgabe *Stuttgarter Erklärungsbibel mit Apokryphen, Die Heilige Schrift nach der Übersetzung Martin Luthers*, Deutsche Bibelgesellschaft, Stuttgart 2005 entnommen.

1.2. Lev 25 im synchronischen Kontext des Heiligkeitsgesetzes

Traditionell werden zwei Teile innerhalb des Heiligkeitsgesetzes unterschieden:

(1) Lev 17–22: ein Abschnitt, der eingerahmt ist durch diskursiv identische Einleitungen (17,1–2a, ein von Yahve an Moses gegebener Befehl, sich an Aaron, seine Söhne und alle Israeliten zu wenden; ebenfalls in Lev 22,17–18a)[8]. Diese Einrahmung grenzt einen ersten Abschnitt ab von Lev 17–22, dessen klares Zentrum Lev 19 ist – dieses Kapitel ist selbst wiederum eingerahmt von zwei parallelen Kapiteln, die sexuelle Gesetze behandeln (Lev 18 und 20). Lev 19 ist das einzige Kapitel, in dem Moses angehalten ist »mit der ganzen Gemeinde« (Lev 19,2) zu sprechen. Neben den diskursiven Einleitungen ist die Einrahmung von Lev 17–22 gewährleistet durch Gesetze bezüglich der Opfergaben (Lev 17; Lev 22,17–30). Innerhalb von Lev 17–22 ist Lev 18–20 eine Einheit, die durch den Parallelismus zwischen den Kapiteln 18 und 20 sehr strukturiert ist, und deren Zentrum die theologische »Spitze« ausdrückt (Lev 19,2: »*Ihr sollt heilig sein, denn ich bin heilig*«). Lev 21–22 umfasst komplementäre Bestimmungen bezüglich der Heiligkeit des Heiligtums. Um zusammenzufassen: Die in Lev 17–22 versammelten Gesetze behandeln eher die »räumliche« Dimension der Heiligung, während hingegen Lev 23–25 vorrangig die »zeitliche« Dimension der Heiligung behandelt. Diese Verbindung zwischen Räumlichkeit und Zeitlichkeit ist auf den Punkt gebracht in Lev 19,30/26,2: Die Heiligung geschieht durch die Furcht des Heiligtums *und* durch die Einhaltung des Sabbatrhythmus. Dieser Verbindungssatz vereinheitlicht die beiden Abschnitte der Gesetzessammlung.

(2) Der zweite Teil des Heiligkeitsgesetzes umfasst die Kapitel 23–25. Lev 25 und Lev 26, das als Abschlusskapitel dient für das ganze Heiligkeitsgesetz, sind hinsichtlich des diskursiven Aufbaus verbunden durch eine gemeinsame Einleitung (Lev 25, 1–2). Die Bemerkung des Bergs Sinai (25,1; 26,46) rahmt ebenfalls diese beiden Kapitel ein. Innerhalb der Kapitel 23–25 weicht einzig Lev 24,10–23, ein späterer Text, ab von der »Logik« der Zeit-

---

[8] Vgl. C. Nihan, *Priestly Torah*, a.a.O., 397.

lichkeit. Schließlich ist zu erwähnen, dass Lev 26 parallel ist mit Lev 19: Diese zwei Kapitel sind eingeleitet durch ein abgekürztes Zitat des Dekalogs, umgekehrt zu Lev 19, entsprechend der von M. Seidel entdeckten rhetorischen Regel.[9] Diese »Verbindung« nimmt Teil an der Gesamtheit der Sammlung, die man »Heiligkeitsgesetz« nennt.

1.3. Die Struktur von Lev 25 und daran anschließende Textlektüre

(1) Folgende Abschnitte lassen sich im Text abgrenzen:

- Vers 1–2a: Einleitung
- Vers 2a-7: Gesetz über das Sabbatjahr
- Vers 8–22: Gesetz bezüglich des Jubeljahrs
- Vers 23–24: theologische Begründung des Gesetzes
- Vers 25–32: Schuld (Wurzel מוך, *spezifisch für Lev 25, ein Nachweis auch in Lev 27,8*) und g^{e}ullah
- Vers 32–34: Sonderfall der Leviten
- Vers 35–38: Ermahnung bezüglich des verschuldeten Bruders – Wurzel מוך – und theologische Motivation
- Vers 39–46: Arbeit für Schulden – Wurzel מוך – bei einem Israeliten. Verbot der Versklavung von Israeliten
- Vers 47–54: Arbeit für Schulden – Wurzel מוך – bei einem גר תושב
- Vers 55: theologische Motivation

(2) Bemerkungen über die Struktur:

Die Verse 23 und 55 veranschaulichen die zwei hauptsächlichen theologischen Motivationen der dargelegten Gesetze (siehe auch Lev 25,42). Vers 23 legt eine neuartige Idee dar, die der Logik der Theologie der Schöpfung zugehörig ist, diese jedoch »übersteigt«. Vers 55 geht hervor aus der Theologie des Heils. Abgesehen von den Versen 32–34, die den Sonderfall der Leviten betreffen und als Zusatz angesehen werden können, erscheint das Kapitel klar strukturiert und vereinheitlicht. Die Verse 35 ff., 39 ff. und 47 ff., eingeleitet durch das

---

[9] Vgl. M. Seidel, »Parallels Between Isaiah and Psalms«, in: *Sinai* 38 (1955–1956), 149–172; 229–240; 272–280; 335–355.

gleiche seltene Verb – Wurzel מוך – können die Darstellung dreier wachsender Schweregrade der gleichen Situation veranschaulichen.[10]

(3) Bemerkungen bezüglich des Vokabulars:

- הר סיני (Vers 1), der Ausdruck ist in Lev nur an folgenden Stellen nachgewiesen: Lev 7,38; 26,46 und 27,34. Er trägt dazu bei, den Vorschriften für das Sabbatjahr und das Jubeljahr eine gewisse Feierlichkeit zu verleihen, indem es sie darstellt als an Moses geschehene Offenbarungen auf dem Berg Sinai.
- Das Wort שבת und der Ausdruck שבת שבתון bestimmen den Rhythmus von Vers 2–7. Sie verweisen auf einen sieben-jährigen Rhythmus, der derjenige des ersten Schöpfungs-berichts, von priesterlichem Ursprung, ist. Diese Schluss-folgerung wird verstärkt durch die Details des Textes: die Bemerkung des Viehs (בהמה) und der wilden Tiere (חיה) neben der Bemerkung des Israeliten, des Bediensteten, der Magd und des Angestellten verweisen auf Gen 1,26–28 (erster Schöpfungsbericht); 9,10 (der Bund Noahs); Lev 5,2 (Opfergaben für Sünden); 11,2 (Nahrungsregeln). Der priesterliche Ursprung dieses Vokabulars ist demnach ein-deutig.
- Das Wort יבל ist selten in der hebräischen Bibel: die 27 Vor-kommen des Worts sind alle im Wesentlichen in Kapitel 25 und 27 von Levitikus, wie auch in Nb 36,4. Das Gesetz über das Jubeljahr weist also eine wahrhafte Eigenart auf.
- גאל (Lev 25, 25.26); גאלה (Lev 25,24.26.29.29.31.32.48.51. 52): die Mehrzahl der Vorkommen dieses Vokabulars ist konzentriert in Lev 25 und im Buch Ruth, was die Origina-lität der Perikope hervorhebt. Das Verb wird, in einem theo-logischen Sinn, gebraucht im Deuterojesaja, um die gött-liche Praxis in Bezug auf Israel zu beschreiben.
- גר: Es ist angebracht, hier die Eigentümlichkeit des sozialen Status des *ger* in Lev 25 zu bemerken, im Vergleich zu den Gesetzen von Ex 22,20; 23,9 und Dt 15. Es ist beabsichtigt, dass der *ger* einen höheren sozialen Status als der des Israe-liten hat und dass er, zur selben Zeit, Untertan des gleichen

---

[10] Vgl. Nihan, *Priestly Torah*, a. a. O., 521–522.

Gesetzes ist. Daher die These von Rendtorff, der hierin einen israelitischen Eigentümer sieht, der nicht Mitglied der Golah ist, und eine besser gesicherte finanzielle Situation erreicht hat als jene, die das Exil durchgemacht haben.[11]

- דרור: Dieser in Vers 10 gebrauchte Ausdruck, um die Befreiung (aus der Knechtschaft) zu bezeichnen, gehört zum gleichen semantischen Feld wie der akkadische Ausdruck *andurarum* (vgl. weiter unten). Er ist selten in der hebräischen Bibel: Lv 25,10; Jr 34,8.15.17; Is 61,1.

(4) Bemerkungen über den Kalender:

Das Gesetz bezüglich des Sabbatjahrs nimmt die Elemente von Ex 23,10–11 wieder auf, eine Vorschrift, die parallel zu diesem ist, es voraussetzt und weiterentwickelt. Es scheint dem Text angemessen zu schlussfolgern, dass das Jubeljahrgesetz zwei Jahre des Brachliegens in Folge impliziert: das 49. Jahr (Sabbatjahr) und das 50. Jahr (Jubeljahr). Die Hypothese Lefebvres setzt voraus, dass dieser Kalender von einem Jahr Null der Saatzeit ausgeht und das Jahr 50 in Wahrheit vermutlich dem Jahr 49 entspricht.[12] Dieses doppelte Brachliegen führt selbstverständlich dazu, den symbolischen (und theologischen) Charakter des Gesetzes des Jubeljahrs – unvereinbar mit dem konkreten Überleben der Gemeinschaft – in den Blick zu nehmen. Auf dieser Basis muss die Interpretation der Perikope geführt werden.

2. Parallelen mit den Gesetzen des Alten Nahen Ostens sowie den Gesetzen des Bundes und dem Gesetz in Deuteronomium

2.1 Die periodische Befreiung der Sklaven im Gesetz des Bundes. Befreiung der Sklaven und שמטה in Dt 15

Die Praxis der periodischen Befreiung der Sklaven ist nachgewiesen durch das Gesetz des Bundes (vgl. Ex 21,2 ff.) und durch das deutero-

---

[11] R. Rendtorff, »The *Ger* in the Priestly Laws of the Pentateuch«, in: *Ethnicity and the Bible*, Leiden 1996, 77–87.

[12] Vgl. J. F. Lefebvre, *Jubilé*, a. a. O., 102–104, 395.

nomische Gesetz (Dt 15, 12–18). Ex 21,2–11 legt die Modalitäten der Befreiung der hebräischen Sklaven fest gemäß einer siebenjährigen Spanne. Der Kontext ist wahrscheinlich jener der Sklaverei wegen Schulden, wie die apodiktischen Gesetze von Ex 22,21 ff. bezüglich Darlehen mit Zinsen und Pfand vermuten lassen. Der gewählte Ausdruck, um den Besitz des Sklaven zu benennen, ist das Verb *qânâh*, dessen Gebrauch insofern in Widerspruch zu stehen scheint mit der Perspektive einer eventuellen Befreiung, als es gewöhnlich den Besitz eines Guts bezeichnet.[13] Obgleich die hebräischen Sklaven theoretisch die Möglichkeit gehabt haben befreit zu werden im siebten Jahr nach ihrem Kauf, wenn sie es wünschten, so muss man trotz allem auch den einigermaßen paradoxalen Charakter dieser Gesetzgebung hervorheben. Denn, nach einer generellen Einleitung, die die Befreiung der Sklaven im siebten Jahr zu organisieren scheint, fährt der Text fort, die eheliche Situation dieser Sklaven zu reglementieren – in dem Sinn, dass die periodische Befreiung eine Ausnahme bleibt. Frank Crüsemann stützt sich auf diese Feststellung, um das Gesetz zur periodischen Befreiung in Ex 21,2 f. – weniger großzügig als das Gesetz des Hammurapi, das in § 117 bei einer Versklavung durch Schulden eine Befreiung im vierten Jahr vorsieht – als eine Maßnahme betrachtet, die dazu bestimmt ist, die Interessen der Eigentümer zu schützen und die Sklaverei auf lange Sicht zu organisieren.[14] Die apodiktischen Gesetze in Ex 22,21 f., die darauf abzielen, das Nehmen von Pfand einzuschränken und Darlehen mit Zinsen an die Ärmsten zu verbieten, könnten zum Gegenstand gehabt haben, das Gesetz in Ex 21,2 f. zu korrigieren, in der Voraussicht einer möglichen Versklavung.[15] Im Übrigen erwähnt der Gesetzestext von Ex 21,2 f. keinerlei ideologische oder theologische Motivation. Das Gesetz zeigt sich demnach als Ausdruck eines Gewohnheitsrechts.

Deuteronomium 15,12 f. behandelt die Befreiung von hebräischen Sklaven. Diese werden als »Brüder« bezeichnet. Diese Bezeichnung bildet die Grundlage der Rechtsprechung im deuteronomischen Gesetz, deren Absicht es ist, unter den bestmöglichen Bedingungen, im siebten Jahr seiner Knechtschaft die Rückkehr in die Freiheit des in

---

[13] Vgl. bzgl. dieses Aspektes I. Cardellini, *Die Biblischen »Sklaven«-Gesetze im Lichte des keilschriftlichen Sklavenrechts. Ein Beitrag zur Tradition, Überlieferung und Redaktion der alttestamentlichen Rechtstexte*, Bonn 1981, 338–341, 358–359.

[14] Vgl. F. Crüsemann, *Die Tora*, München 1992, 185.

[15] Vgl. ebd., 187–188, 224–228.

die Sklaverei gefallenen Bruders zu ermöglichen, wenn dieser es wünscht. Die Zugehörigkeit zu ein und demselben Volk erscheint somit als vorrangig gegenüber den Rechten des Eigentümers, die durch Ex 21,2 f. privilegiert wurden. Die Bestimmungen des deuteronomischen Gesetzes nehmen die Bestimmungen des Gesetzes des Bundes wieder auf und erweitern sie. Keine Ausnahme stellt hier den systematischen Charakter des Gesetzes in Frage. Im Gegenteil zu dem Gesetz des Bundes, legt das deuteronomische Gesetz eine gleiche Behandlung fest zwischen männlichen und weiblichen Sklaven und betont den freien Willen desjenigen, der verkauft ist (der Gebrauch des Verbs *mâkar* im Nifal anstatt, wie bisher, des Verbs *qânah*, verschiebt den Schwerpunkt des Gesetzes, im Vergleich zu dem parallelen Text des Gesetzes des Bundes, von der Person des Eigentümers auf jene des Israeliten, der gezwungen war sich zu verkaufen). Im Übrigen erlaubt die Ausstattung, die der befreite Sklave bezieht, diesem einen erneuten Rückfall in die Sklaverei zu vermeiden (vgl. Dt 15,14).

Der hauptsächliche Unterschied, der Dt 15,12–18 trennt von Ex 21,2–11, ist die theologische Motivation des Gesetzes: Sie stützt sich auf das grundlegende Ereignis der Befreiung aus Ägypten (Dt 15,15: »*Du sollst daran denken, dass Du auch Knecht warst in Ägyptenland und der HERR, dein Gott, dich erlöst hat; darum gebiete ich dir solches heute.*«) Die für *zâkar* vorgeschlagene Übersetzung »Erinnerung« gibt die Bedeutung dieses Konzepts nur ungenügend wieder: das in Ägypten geschehene Ereignis des Heils hat eine kritische Funktion gegenüber allen späteren Situationen der Knechtschaft, die den Israeliten begegnen könnten. Der Akt des Gedenkens, zu dem die Israeliten angehalten sind, ist daher wirkungsvoll und greift in das Leben der Gesellschaft ein.[16]

Der Vergleich der Gesetze bezüglich der Befreiung der Sklaven in den beiden betrachteten Textsammlungen lässt eine spürbare Entwicklung erkennen: Der Gehorsam gegenüber dem Gesetz erlangt eine theologische Dimension. An Stelle des Gewohnheitsrechts in Ex 21 tritt in der deuteronomischen Gesetzgebung ein Gesetz, das auf dem Gedenken an den Akt der Befreiung durch Yahves zu Gunsten seines Volkes basiert. Die theologische Verwurzelung des Gesetzes

---

[16] Vgl. bzgl. diesen Aspekts H. Eising, *zâkar*, Theologisches Wörterbuch zum Alten Testament, Bd. 2, 1977, 571–593, hier: 591; O. Artus, »De l'acte de mémoire à la mémoire ritualisée dans les livres de l'Exode et du Deutéronome«, in: *Le Supplément*, Sept. 1999 (210), 75–90.

hat als logische Folge die Entwicklung hin zu einer Gesetzgebung, die von nun ab zu den durch Schulden in die Sklaverei gefallenen Israeliten wohlgesinnt ist. Demnach gibt eine durch das Gewohnheitsrecht bestimmte, ältere soziale Situation hier Anlass zu einer theologischen Reflexion, die dazu führt zwar einerseits den »Rahmen« der gesetzlichen Vorschrift (Befreiung der versklavten Brüder im siebten Jahr) in Dt 15 beizubehalten, jedoch das Ziel abändert, indem sie ihr ein theologisches Fundament verleiht.

Darüber hinaus legt das Gesetz der שמטה in Dt 15,1–11 die Modalitäten eines Schuldenerlasses in jedem siebten Jahr dar. Der formale Widerspruch zwischen Vers 4 und Vers 11 – einerseits der Unterdrückung der Armut (Vers 4) und andererseits dem unumgänglichen Charakter der Frage der Armut (Vers 11) – veranschaulichen vielleicht die Spannung, die zwischen der Realität und dem durch das Gesetz beabsichtigte »utopische« Ziel existiert.

2.2 Die Edikte von mišarum/andurarum und die periodische Befreiung der Sklaven im Alten Nahen Osten

Mehrere mesopotamische Texte des 2. Jahrtausends vor unserer Zeitrechnung nehmen die Befreiung von durch Schulden versklavten Personen in den Blick:

(1) Das Edikt des *mišarum* des Königs Ammi-saduqa: Ammi-saduqa gehört zur altbabylonischen Dynastie. Er herrschte über Mesopotamien 1646 bis 1626 vor unserer Zeitrechnung, d.h. ein wenig mehr als hundert Jahre nach Hammurapi. Das seinem Namen zugeordnete Edikt ist ziemlich kurz:[17]

Text C

Artikel 1
Tafel (des Edikts, die das Land verpflichtet ist) einzuhalten, zur Zeit, als der König ein *mesarum* erlassen hat für das Land.

---

[17] Vgl. die englische Übersetzung des Edikts von J. P. J. Olivier, »Restitution as Economic Redress: The Fine Print of the Old Babylonian *mesarum* of Edict of Ammisaduqa«, in: *Zeitschrift für Altorientalische und Biblische Rechtgeschichte* 3 (1997), 12–25.

Artikel 2
Die Rückstände der Landwirte, Hirten und der Angestellten der Provinzen, und (der anderen,) die Abgaben an den Palast leisten müssen, um (die finanzielle Situation der) Steuerzahler (mehr) zu stärken, sind ihre Zahlungen erlassen. Die Sammler (der Steuern) werden die Zahlung nicht eintreiben bei dem Haus, das eine Abgabe an den Palast leisten muss.

Artikel 3
Der »Markt« von Babylon und der auf dem Lande … die beauftragten Sammler – ihre Rückstände – die die Periode betreffen zwischen dem 21. Jahr, in dem der König Ammiditana die Schulden erließ, die das Land bekommen hatte, und dem Monat Nisan des Jahres, in dem der König Ammi-saduqa, dem Enlil die adelige Herrschaft verherrlicht hatte, sich unerschütterlich erhoben hat als *shamash* über sein Land, und ein *mesarum* eingeführt hat für sein ganzes Volk – sind erlassen, da der König ein *mesarum* erlassen hat für das Land. Die Steuersammler werden nicht Anspruch erheben auf die Zahlungen an ihre Häuser.

Artikel 4
Jeder, der Korn oder Silber geliehen hat an einen Akkadier oder einen Amoriter im Hinblick auf ein Handelsgeschäft … und der sich eine Tafel hat ausstellen lassen – da der König ein *mesarum* erlassen hat für das Land – seine Tafel wird annulliert und er kann keinen Anspruch geltend machen für Korn oder Silber, gemäß seiner Tafel.

Text A

Artikel 15
Die Steuer, die erhoben worden ist für Produkte des Feldes, für Sesam und Korn, das den Landwirten gehört, den wichtigen Personen, den einfachen freien Männern, den Polizisten, den Seemännern und den anderen, die besondere Abgaben haben in Babylon, da der König ein *mesarum* erlassen hat für das Land, ist sie erlassen: Sie wird nicht erhoben werden.

Artikel 16

Dem Gastwirt auf dem Land, der dem Palast Silber oder Korn des Handelsgastwirts zahlt, da der König ein *mesarum* erlassen hat, werden die Steuersammler die Rückstände nicht einfordern.

Artikel 20

Wenn ein Einwohner von Numhia, ein Einwohner von Emubal, ein Einwohner von Idamarz, ein Einwohner von Uruk, ein Einwohner von Isin, ein Einwohner Kisurra oder ein Einwohner von Malgum, durch eine Verpflichtung verbunden, aufgrund von Schulden sich oder seine Frau oder sein Kind in die Sklaverei oder als Pfand hat geben müssen, da der König ein *mesarum* erlassen hat, ist er befreit und seine Freiheit ist wieder hergestellt *(andurarum)*.

Gegenstand dieses Edikts ist eindeutig der Erlass von Schulden, oder auch von Steuern, jedoch auch der Erlass der Folgen der Schulden: die Versklavung eines Familienmitgliedes oder eines freien Mannes (vgl. Artikel 20). Eine solche Verbindung zwischen Schuldenerlass und Befreiung der Sklaven in Folge von Schulden erwähnt offenkundig auch Dt 15,1–18 – ein Text in dem die Gesetze bezüglich שמטה und die Gesetze, die die periodische Befreiung der Sklaven behandeln, nebeneinander stehen. Im Gegensatz zu den Vorschriften von Ex 21,2–11 oder von Dt 15,11 f., ist hier keine Rede von Periodizität: Das Edikt ist einmalig. Es ist als ein Edikt »mesarum« bezeichnet. Dieses Substantiv kommt von der akkadischen Wurzel *jshr*, dessen kausale Form *mususeir* »gut regieren« bedeutet.

(2)   Das Gesetz des Hammurapi

Das Gesetz des Hammurapi (1792–1750 vor unserer Zeitrechnung) kennt ebenfalls eine Verfügung, die die Befreiung durch Schulden versklavter Personen vorsieht. Diese ist als eine periodische Befreiung beschrieben:

§ 117: »Wenn ein Mann durch eine Verpflichtung gezwungen worden ist, und wenn er verkaufen musste seine Frau, seinen Sohn oder seine Tochter, oder auch wenn er selbst der Unterwerfung ausgeliefert war, während drei Jahre werden sie arbeiten in dem Haus ihres Käufers oder ihres Unterwerfers, das vierte Jahr wird ihre Befreiung erfolgen.«[18]

Der hier gebrauchte Ausdruck, um die »Befreiung« auszudrücken, ist der gleiche wie in dem Edikt des Ammi-saduqa: *anduraru*.

(2) In neuassyrischen Texten

Neuassyrische Briefe machen ebenfalls Anspielung an »anduraru«-Edikte, deren Konsequenz – von einigen Eigentümern betrauert – die Befreiung von Sklaven ist:

> »Damals, als der König, mein Herr, einen Schuldenerlass proklamierte, enteignete er viele Leute von ihrem Besitz.«[19]
> »Wenn diese Männer aufgrund eines *duraru* befreit werden, wird Bel-ali seinem Eigentümer Geld geben.«[20]

Die neuassyrischen Dokumente legen also ebenfalls eine Existenz von Befreiungs- und Schuldenerlassedikten, zwei miteinander verbundenen juristischen Praktiken, nahe.

Was ist nun aus dem Vergleich dieser Texte mit den gesetzlichen Verfügungen von Exodus und Deuteronomium zu schlussfolgern? Die Vorschriften von Ex 21,2 f. sehen eine periodische Befreiung (jedes siebte Jahr) der durch Schulden versklavten Personen vor, die in ihren Modalitäten extrem restriktiv ist. Im Gegenzug erlassen die Vorschriften in Deuteronomium systematisch die Befreiung in jedem siebten Jahr. Im Deuteronomium wird darüber hinaus das Gesetz zur periodischen Befreiung der Sklaven verbunden mit dem Gesetz der שמטה (Dt 15,1–11). Nach E. Otto nehmen diese gesetzlichen Bestimmungen in Deuteronomium die Motive des neuassyrischen Gesetzes wieder auf und benutzen sie im Gegensatz zu ihrer eigenen Perspektive: Während nämlich die Maßnahmen des Erlasses der neuassyrischen Edikte unvorhersehbar sind, da diese Edikte Sache des Prinzen

---

[18] Übersetzung A. Finet, *Le code de Hammurapi*, Paris ²1996, 78.
[19] Vgl. J. N. Postgate, *The Governor's Palace Archive*, London 1973, 231, zitiert von Otto, *Das Deuteronomium*, a.a.O., 211.
[20] Document ND 487: 13–16. Deutsche Übersetzung, OTTO, *Das Deuteronomium*, a.a.O., 212.

sind, legt das Deuteronomium ein regelmäßiges und vorhersehbares System fest, spielend mit dem Rhythmus 6/7:

>Eine regelmäßige Maßnahme des Schuldenerlasses, die auf einer Gewissensentscheidung beruht und gebunden ist an die Urteilskraft des Gläubigen – d. h. nicht mehr auf einem Akt, der unabhängig ist von der heteronomen Autorität staatlicher Instanzen –, hat entweder zur Folge, die Autorität des Rechts, das bisher Gesetzeskraft hatte, zu untergraben, oder es ganz unwirksam werden zu lassen. Diese regelmäßige Maßnahme erscheint also der neoassyrischen Gesetzgebung überlegen und stellt ihr gegenüber ein Gegenmodell dar.«[21]

Was auch immer die eventuelle dialektische Beziehung zwischen der deuteronomischen und der neuassyrischen Gesetzgebung ist, die altbabylonischen und assyrischen Texte, die wir zitiert haben, manifestieren eine Nähe dieser Gesetze des Alten Nahen Ostens mit den biblischen Gesetzen hinsichtlich ihres Inhalts. Die durch den biblischen Text reflektierte Praxis scheint somit nicht in *Diskontinuität* mit den mesopotamischen Praktiken zu stehen, sondern in *Kontinuität*. Israel scheint, bezüglich des »Inhalts« des Gesetzes, nicht im Gegensatz mit seinem kulturellen Umfeld.

2.3 Die Verbindung zwischen Lev 25 und den Gesetzen in Ex 21; 23,10–11 und in Dt 15,1–18: Rezeption, Interpretation, Entwicklung

2.3.1 Soziale Entwicklungen

(1) Im Gegensatz zu den bisher erörterten Gesetzen, berücksichtigen die Gesetze in Lev 25 nicht die Möglichkeit, dass ein Israelit der Sklave eines anderen Israeliten wird. Der Status des bei einem seiner Brüder verschuldeten Israeliten wird der eines שכיר oder eines תושב (vgl. Lev 25,40, siehe auch die theologische Motivation in Lev 25,42), d. h. eines Tagelöhners. Die offensichtlich einzige Möglichkeit der Sklaverei, wie sie für einen Israeliten in Betracht gezogen wird, ist die, die ihn dazu führt Sklave eines *ger* zu werden. Darüber hinaus ist auch der benutzte Ausdruck,

---

[21] Otto, *Das Deuteronomium*, a. a. O., 227.

um die Knechtschaft in Lev 25,53 zu beschreiben שכיר – Angestellter.

(2) Solche gesetzlichen Bestimmungen veranschaulichen den bemerkenswerten Wandel der sozialen Situation, der in Judäa nach dem Exil geschehen ist. Der *ger* kann von nun an in den Genuss eines sozialen und finanziellen Status kommen, der demjenigen der Israeliten mindestens gleichwertig ist. Dieser fremde Bewohner unterscheidet sich von einem »auswärtigen« Fremden, dessen Status sich auf die Sklaverei reduzieren kann.

(3) Ebenso wie im deuteronomischen Gesetz, so sind auch die Gesetze zur Sklavenbefreiung im Rahmen des Jubeljahrs begleitet von theologischen Motivationen: »*Denn mir gehören die Israeliten als Knechte; meine Knechte sind sie, die ich aus Ägyptenland geführt habe. Ich bin der HERR, euer Gott.*« (Lev 25,55) Es scheint angebracht, nun die in Lev 25 entwickelte neuartige Theologie im Folgenden näher darzulegen.

2.3.2 Die Theologie in Lev 25: eine neuartige Konstruktion, entwickelt ausgehend von früheren Traditionen

(1) Christophe Nihan hat in seiner Studie über Levitikus 25 gut gezeigt, wie die Gesetze in Lev 25 frühere Traditionen kombinieren und neu bearbeiten. Lev 25 verfolgt somit eine Bewegung der Reinterpretation, die bereits im deuteronomischen Gesetz präsent ist. In der Tat interpretiert Dt 15,1–18 einerseits das Gesetz über das Brachliegen in Ex 23,10–11 neu, indem es dieses von seinem landwirtschaftlichen Kontext loslöst und es zu dem sozio-ökonomischen Gesetz des שמטה macht; andererseits kombiniert es dieses mit dem Gesetz der periodischen Befreiung der Sklaven, das seinerseits als Quelle Ex 21,2 ff. hat – ein Gesetz, das von Grund auf neu bearbeitet ist in Dt 15,12 ff. Lev 25 kennt Ex 21,2 ff.; 23,10–11 wie auch Dt 25 und schlägt eine neue »landwirtschaftliche Kontextualisierung« des Gesetzes über das Brachliegen vor.[22] Jedoch bezieht sich Lev 25 nicht mehr nur auf einen Sabbat für die Erde. Es handelt sich fortan um ein ליהוה שבת, dessen zentrale theologische Motivation in Lev 25,23 liegt

---

[22] Vgl. Nihan, *Priestly Torah*, a. a. O., 525.

(»*Denn das Land ist mein, und ihr seid Fremdlinge (g^{e}rîm tôšabîm)* ...«). Die humanitäre Motivation von Ex 23,10–11 ist in Lev 25 verschwunden. Durch das Gesetz in Lev 25 gelingt es dem Heiligkeitsgesetz »die sozialen Erscheinungen umzukehren«. Während des Sabbatjahrs wird jeder Israelit identisch mit den »Leuten ohne Erde« *(d. h. mit den Armen, vgl. ebd.; Anm. d. Ü.)* in Ex 23,10–11. Auf die gleiche Weise kann das Gesetz des Jubeljahres gelesen werden als Entfaltung des שמטה-Gesetzes in Dt 15,1–11. Im Gegenteil zu Dt 15,1–11 ist es jedoch nicht mehr ein Gesetz über die Sklaverei, denn der Israelit kann nicht mehr seiner Freiheit beraubt werden. Das Gesetz legt die notwendigen Bestimmungen dar zur Erhaltung des Erbes eines jeden Mitgliedes der Gemeinschaft. Diese Stabilität des Erbes ist notwendig geworden einerseits durch die Tatsache, dass die Vorschrift des Erbes dem von Gott gewollten schöpferischen Befehl gehorcht (Lev 25,23), und andererseits durch die Tatsache, dass Israel ein von der Knechtschaft definitiv befreites Volk ist, was wiederum einen sozialen Druck verbietet, der dieses oder jenes Mitglied in eine Knechtschaft zurückfallen lassen könnte.

(2) Auf die gleiche Weise, wie Lev 25 frühere soziale Gesetzgebungen anordnet, so benutzt der Text auch frühere theologische Traditionen, um eine neuartige Theologie auszuarbeiten: Die in Lev 25,55 ausgedrückte Theologie des Heils nimmt die Intuitionen des deuteronomischen Dekalogs in Dt 5 wieder auf: Gottes Handlung lässt Israel aus der Knechtschaft in Ägypten übergehen in den Dienst an Yahve (siehe ebenfalls Lev 25,42). Zudem ist es die priesterliche Theologie der Schöpfung die das Gesetz über das Brachliegen, ebenso wie das des Jubeljahrs, begründet. Das biblische Jubeljahr schafft also die Verbindung zwischen den beiden theologischen Linien, die den zwei Dekalogen unterliegen, was im Besonderen erscheint in der theologischen Begründung des Sabbatgebotes: Motiv der Schöpfung in Ex 20,11 – Motiv des Heils in Dt 5,15. Der Verweis auf die Feier des *yom hakkippurim* in Lev 25,9, in der Einleitung zum Jubeljahr, ist bestrebt eine Korrelation festzusetzen zwischen der Beziehung zu Gott und der Beziehung zum Nächsten. Ebenso wie in der Feier des *yom hakippurim*, der das Jubeljahr einleitet, Gott Israel seine Fehler erlässt, so hält das Jubeljahr jeden Israeliten dazu an, seinem Nächsten auf die gleiche Weise dessen Schulden zu ver-

geben.[23] Der Gebrauch des Wortes und der Wurzel גאל in Lev 25 unterstreicht diese Korrelation: Die Wurzel wird nämlich nicht gebraucht zwischen Ex 6,6 und Lev 25. In Ex 6,6 wird Gott als der *go'el* seines Volkes dargestellt. In Lev 25 ist jeder Israelit von nun an aufgefordert der *go'el* seines Bruders zu werden. Das vorgeschlagene Verständnis in Bezug zur Erde artikuliert priesterliche und nichtpriesterliche Intuitionen. Gemäß dem zweiten Schöpfungsbericht ist der Mensch durch Yahve-Gott in Eden gesetzt worden, um den Garten zu bestellen und zu arbeiten. Er ist nicht dessen Besitzer. Außerdem dient in Gn 1 einzig die Nutznießung der Erde zur Ernährung des Menschen. Diese Auffassung ist weiterentwickelt in der Behauptung von Lev 25,23: Israel ist ein *ger* auf Gottes Erde; und in Lev 25,55: Die Israeliten sind die Diener Gottes. Von nun an ist eine klare Grenze ist gesetzt, nicht nur für das Eigentum der Israeliten, sondern auch für jenes der *g^erîm*. Vorübergehender Besitz ist nicht Eigentum. Diese gesetzte Grenze, die sich sowohl auf das Gedenken an die Schöpfung als auch jenes des Heils bezieht, erlaubt einerseits innerhalb Israels, den sozialen Zusammenhalt aufrechtzuerhalten, jedoch auch die Legitimität des Eigentums der Fremden zu kritisieren in einer Epoche (die persische Periode), in der diese sich in einer dominanten ökonomischen Situation befinden. Der Respekt gegenüber den Gesetzen des Sabbats und des Jubeljahrs ist der Ort der Heiligung Israels. Diese theologische Gegebenheit ist kohärent zu der Gesamtheit des Heiligkeitsgesetzes (vgl. Lev 19,2). Das fünfzigste Jahr ist heilig, und das Jubeljahr ist eine »heilige Sache« (Lev 25,10). Auf die gleiche Weise wie, in der priesterlichen Theologie, der Sabbat als das Heiligtum Gottes im Herzen der Zeit angesehen ist, so ist auch das Jubeljahr eine heilige Zeit im Herzen der Zeit. Im Gegenteil zum priesterlichen Verständnis des Sabbats, scheint die Regel des Jubeljahrs hingegen eine soziale Ethik zu begründen.

---

[23] Vgl. ebenfalls A. Schenker, »The Biblical Legislation on the Release of Slaves«, in: *Journal for the Study of the Old Testament*, 78 (1998), 23–41.

3. Das Jubeljahr und die Logik der Gabe

3.1 Vokabular der Gabe in Lev 25 – Kann man von einer sozialen Ethik in Lev 25 sprechen?

Das Verb נתן ist von großer Banalität in der hebräischen Bibel. Drei seiner fünf Vorkommen in Kapitel 25 von Levitikus sind hingegen in dem Maße interessant, in dem sie durch den Gebrauch dieses Schlüsselworts eine Korrelation zwischen der Gabe Gottes, der die Erde »gibt« an Israel, und der Gabe der גאלה durch die Mitglieder der Gemeinschaft:

Lev 25,2: »Wenn ihr in das Land kommt, das ich euch *geben* werde«

Lev 25,38: »Ich bin der HERR, euer Gott, der euch aus Ägyptenland geführt hat, um euch das Land Kanaan zu *geben*«

Und, außerdem:

Lev 25,24: »Und bei all eurem ›Grundbesitz אחזה‹, sollt ihr für das Land die Erlösung (גאלה) *geben*«

Die Gabe Gottes ruft eine Antwort des Menschen hervor, die Gestalt annimmt in der »Verlängerung« dieser Gabe in den sozialen Beziehungen. Diese Betrachtung ist komplementär zu der oben angeführten in Bezug auf die Bedeutung der Feier des *yom hakippurim*, der das Jubeljahr einleitet. Die Verbindung zwischen göttlicher Gabe und Ausdruck des Gesetzes ist nicht charakteristisch für Lev 25.[24] Es ist vielmehr eine theologische Konstruktion, die die ganze Tora durchzieht: so geht zum Beispiel in den beiden Schöpfungsberichten die Aussage der Gabe Gottes dem Gesetz voraus und begründet es; das Gesetz selbst präzisiert lediglich die Benutzung – Speisegesetz (Gn 1), Verbot des Genusses der Früchte des Baumes der Erkenntnis von Gut und Böse (Gn 2). Auf die gleiche Weise setzen die Gesamtheit der gesetzlichen Aussagen innerhalb des Tetrateuchs die Berichte von Genesis und Exodus, die sie begründen, voraus. Schlussendlich reflektieren auch die zwei Dekaloge in ihrer Struktur die gleiche Verbindung: Die Aussage der Gabe (Ex 20,2; Dt 5,6) geht der Liste der positiven und negativen Gebote voraus. P. Beauchamp kommentiert

---

[24] Siehe hierzu das Dokument der Commission Biblique Pontificale, *Bibbia e Morale*, Libreria éditrice vaticana, Cité du Vatican 2008, besonders § 4.

diese Verbindung »Gabe/Gesetz«, die er in der Tora aufzeigt, mit folgenden Worten: »Die Güter kommen vor dem Gesetz [...]. [I]hre Zuordnung begründet und rechtfertigt das Gesetz.«[25] Daher zieht er folgende Schlussfolgerung bezüglich der Gesetze der Tora: »Das Konzept des Gesetzes kann nicht nur die Verkündung der Verpflichtung beinhalten, sondern zusätzlich auch die Aussage der bereits erhaltenen oder erwarteten Güter.«[26]

3.2 Das Jubeljahr: eine »Utopie«? Norm und Metanorm

Wir haben bereits das Fehlen des »praktischen Realismus« beim Gesetz des Jubeljahrs in Lev 25 erwähnt, in dem Sinn, dass es das 49. und das 50. Jahr als zwei aufeinanderfolgende Jahre des Brachliegens ins Auge fasst. Der Text antwortet übrigens dem Leser auf diesen Einwand (siehe Lev 25,20–21). Die Antwort ist von gleicher Art wie jene, die der Bericht über die Gabe des Manna in Ex 16 gibt. Gemäß Ex 16, erhalten die Israeliten am 6. Tag die doppelte Ration Manna, um in der Lage zu sein, die Sabbatruhe zu respektieren; ebenso wird in Lev 25 im 6. Jahr des letzten siebenjährigen Rhythmus vor dem Jubeljahr, die Erde eine dreifache Ernte geben. So wie der Text auf den unmittelbaren Einwand des Lesers antwortet, so setzt uns dieses Detail des Gesetzestextes auch in Kenntnis von seiner vor allem theologischen Natur. Die Ordnung der Welt, die hier dargestellt wird, ist eine Ordnung, die konform ist mit der Theologie der Schöpfung (Gott ist der Herr und die einzige Quelle der Güter dieser Erde). Gegenstand von Lev 25 ist also über eine soziale Ordnung zu reflektieren, die konform ist mit der Theologie der Schöpfung und des Heils. Jedoch verlässt Lev 25 zugleich den ethischen Realismus von Dt 15,1–18, um sich dem Bereich der Prinzipien zuzuordnen. Die literarische Fiktion erlaubt es, den Leser von diesem Standpunkt zu unterrichten. Aber zur gleichen Zeit hat der Text auch eine praktische Reichweite, in dem Maße, wie er uns einlädt über die Implikationen nachzudenken, die die Gabe der Schöpfung und die Gabe des Heils auf die sozialen Beziehungen haben:

---

[25] P. Beauchamp, L'un et l'autre Testament I, Paris 1976, 42–44.
[26] Ebd.

(1) Die Überlegungen in Lev 25 haben eine ökonomisch besonders schwierige Periode zum Kontext: Das 5. Jh. ist nämlich charakterisiert durch eine Veränderung des persischen Steuersystems.[27] Die Besteuerung wird unabhängig von den Ernten und lediglich die großen Besitzungen können den Schock der jährlichen Schwankungen verkraften. Daher wahrscheinlich die Schaffung der Latifundien und der Ruin der kleinen Besitztümer.

(2) Im Hinblick auf diese Situation basieren die Gesetze von Lev 25 auf der Theologie der Schöpfung, um deutlich zu machen, dass die in der Gemeinschaft Israels herrschende soziale Ordnung nicht unabhängig von dem göttlichen Plan etabliert werden kann. Die gesetzliche Tradition des *andurarum* im Nahen Osten ist neu interpretiert von einem theologischen Standpunkt aus: Die Souveränität Gottes über die Erde macht deren Annektierung durch Großbesitzer ungültig. Darüber hinaus ist Gott der einzige Herr, und die Israeliten können somit nicht endgültig Diener eines Eigentümers werden, der sich an die Stelle der göttlichen Autorität setzt.

(3) Auch wenn die Gesetze in Lev 25 auf dem Niveau von Prinzipien sind und mehr eine »Metanorm« als Normen begründen, drücken sie die Illegitimität einer sozialen Organisation aus, die die Würde des Bruders verspottet – sei es bei den Israeliten oder bei fremden Einwohnern. Israel kann sich nicht frei machen von den praktischen Konsequenzen der Beziehung des Bundes, dessen Abschluss im Heiligkeitsgesetz an die doppelte Verwurzelung in der Theologie der Schöpfung (Lev 26,42) und der Theologie des Heils (Lev 26,45) erinnert.

(4) Die »Wirksamkeit« des Gesetzes des Jubeljahrs in Lev 25 ermisst sich nicht nur durch seinen sozialen Einfluss im 4. und 5. Jahrhundert, der schwierig einzuschätzen bleibt, sondern auch durch die Rezeption, die ihm zuteilwurde in den späteren biblischen Traditionen. Is 61,1–2 zitiert zwar nicht wörtlich Lev 25, aber es steht in Zusammenhang mit dem gleichen Geist. Es ist dieser prophetische Text, der zitiert wird bei der Voraussagung Jesus von Nazareths in Lk 4,18–19. Die Tradition des Jubeljahrs ist hier losgelöst von ihrem ursprünglichen sozialen Kontext, um

---

[27] Herodot, *Hist.* 34.89.

eine messianische und eschatologische Dimension anzunehmen. Beachten wir auch, dass das Wort αφεσις, das in Lk 4,18 gebraucht wird, in dem Zitat der Septuaginta die Worte דרור שמטה יבל übersetzt.

Aus dem Französischen von Silvia Richter

Anhang

Jean-Luc Marion

Gabe und Verzeihung.
Die Rückkehr des verlorenen Sohnes

Nunmehr kann sich die Logik des Verzeihens als Vergebung *(pardon)* in ihrem ganzen Umfang und in ihrer Strenge entfalten: Das Verzeihen unterscheidet sich von einem bloßen und einfachen ungerechten Tausch nur durch eine Hermeneutik, welche es von der Gabe her denkt (§ 23).[1] Um natürlich zum Denken des Verzeihens ausgehend von der Gabe *(don)* zu gelangen, muss diese Hermeneutik zunächst die Gabe selber auf die Gegebenheit *(donation)* reduzieren (§ 16).[2] Dabei handelt es sich in der Tat um einen entscheidenden Punkt, denn um eine solche Hermeneutik auszuführen (vom Tausch zur Gabe und sodann zum Verzeihen), braucht es nicht weniger als eine Umkehr des Hermeneuten selbst. Und die Erfüllung einer solchen Umkehr, oder eher den Verzug *(retard)* bzw. sogar die Ohnmacht, sie zu vollziehen, wird zum entscheidenden Punkt des Verzeihens selbst: Was zu verzeihen ist, kann – *muss* in letzter Instanz – in der Unkenntnis der Gabe selber bestehen, genauer in der Verweigerung, die Gabe als solche zu empfangen, welche man vorzugsweise als einen bloßen Tausch interpretiert. Das Verzeihen betrifft daher das Missverständnis seiner Interpretation selbst als Verzeihen, da es dasselbe im Tausch überdeckt; oder in genauerer Hinsicht betrifft das Verzeihen die Schwäche, das Versagen der Umkehr, welche allein die Hermeneutik der Gabe als Gabe hätte durchführbar werden lassen. Die Hermeneutik der Gabe als solche macht das Verzeihen denkbar, aber un-

---

[1] § 23 lautet »La redondance à partir du donateur« und bildet zusammen mit § 19–24 den Gesamtbeitrag »L'inconditionné et les variations du don« aus *Certitudes négatives*, 187–241, dessen letzten Teil (§ 24) wir hier vorlegen (vgl. auch Texthinweis am Schluss). Die Beispiele von *Opfer* und *Vergebung* illustrieren hierbei maßgebliche, rein phänomenologische Analysen aus *Étant donné. Essai sur une phénoménologie de la donation*, Paris 1997, bes. im Zusammenhang mit der im weitesten Sinne »ökonomischen« Tauschproblematik; vgl. Buch II: Le don, 103–168 (Anm. d. Übers.).

[2] Innerhalb des III. Teils »L'inconditionné ou la force du don« lautet § 16: »Réduire le don à la donation«, was ebenfalls in *Étant donné* vorbereitet war (Anm. d. Übers.).

ter der Bedingung, dass eine Umkehr auf die Gabe hin sie erlaubt; und
da diese Umkehr zur Gabe hin von Vornherein und die meiste Zeit
problematisch ist, verlangt das Verfehlen der Umkehr ein Verzeihen.
Folglich muss der hermeneutische Zirkel beschrieben werden, welcher vom Verzeihen zur Gabe über die Hermeneutik der Umkehr
führt und von der (verfehlten) Umkehr zum Verzeihen zurückkehrt
– stets gesucht, aber auch immer schon vorausgesetzt.

Dieser Zirkel findet sich wirklich in einem anerkannten Gleichnis
über das Verzeihen beschrieben: in der Erzählung vom verlorenen
Sohn bei Lukas 15,11–32. In der Tat geht diese Erzählung in zwei
Schritten vor, welche den »zwei Söhnen« (Vers 11) eines Vaters entspricht und der zweifachen Entfaltung der einzigen Falte *(pli)* der
Gabe als Verzeihen, welche auf keinen Fall voneinander getrennt werden dürfen.[3] Zwei Söhne also, die ihren Vater dazu bringen, das väterliche Erbe in zwei Teile zu teilen. Wie hierin nicht ein umgekehrtes
Beispiel aus »King Lear« wiedererkennen,[4] wo drei Töchter (tatsächlich zwei und eine) einer ähnlichen Teilung des Erbes gegenüberste-
hen? Ohne Zweifel geht im Gleichnis die Initiative dieser unheilvol-
len Teilung vom Vater auf die Kinder über, oder vielmehr auf einen
der beiden Söhne: »Der jüngere von ihnen sagte zu seinem Vater:
Vater, gib mir das Erbteil, das mir zusteht« (Vers 12).

Nicht der Vater, sondern der Sohn führt hier die Teilung herbei.
Nichtsdestoweniger bleibt ganz offensichtlich die Frage bei Lukas die-
selbe wie in »King Lear«: Handelt es sich um eine Gabe (was die
Forderung »gib mir …« vorauszusetzen scheint) oder um einen
Tausch (was die Inbesitznahme im Namen der Gerechtigkeit zu beinhalten scheint: »gibt mir, was mir zusteht«)? Die Hermeneutik der
Anfangsgeste – sei es als Tausch, sei es als Gabe – bildet den Einsatz
der Erzählung, um diesen Einsatz dem zukünftigen Verzeihen sowie
der verlangten Umkehr zukommen zu lassen. Vom Gesichtspunkt des
Vaters aus, der sich (im Unterschied zu Lear) vollkommen als solcher
versteht und verhält, findet sich die Reduktion der Gabe auf die Ge-

---

[3] Über den Zusammenhang von *Falte/Entfaltung* innerhalb der phänomenologischen
Analyse der Gegebenheit als Sichgeben/Sichzeigen vgl. J. L. Marion, »Reduktive ›Ge-
gen-Methode‹ und Faltung der Gegebenheit«, in: R. Kühn u. M. Staudigl (Hrsg.),
Epoché und Reduktion. Formen und Praxis der Reduktion in der Phänomenologie,
Würzburg 2003, 125–137 (Anm. d. Übers.).

[4] Shakespeares Drama wird im §23 (vgl. oben Anm. 1) von Marion interpretiert,
223–230 – also unmittelbar vor dem Gleichnis vom verlorenen Sohn (Anm. d.
Übers.).

bung *(donation)* gesichert, weil die Vaterschaft von Vornherein in einer natürlich reduzierten Gabe besteht (§ 16). Für die beiden Söhne verhält es sich nicht genauso, da sie die Gabe nicht als Gabe sehen können, sondern nur als einen Tausch, der eventuell gerecht ist. Und die beiden Teile der Erzählung entsprechen den beiden Antworten, welche nacheinander zu dieser Hermeneutik vom »jüngeren Sohn« (Verse 12–24) und vom »älteren Sohn« (Verse 25–32) beigetragen werden. Diese beiden Antworten konvergieren in ein und derselben Beschreibung der Gabe als Verzeihen.

Die erste Antwort (und mithin die erste Hermeneutik) vollzieht sich in vier Momenten. – Der Sohn beginnt mit der Zurückweisung der Gabe in dem Augenblick selbst, als er von seinem Vater fordert, ihm zu »geben«, und zwar genau deshalb, weil er von Vornherein vorgibt, dass das scheinbar zu Gebende ihm dem Recht nach zukommt, ihm gehört – als sein Teil des natürlichen Besitzes, der ihm als Erbe zukommen *muss* (το επιβάλλον μέρος, Vers 12). Es handelt sich sehr wohl um einen Eigenbesitz *(propriété)*, wie es der Ausdruck ουσία selber bestätigt, welcher ebenfalls die Substanz bezeichnet (und in der Tat benutzt die Vulgata *substantia*). Letztere bleibt und erlaubt den Besitz *(possession)* (im Gegensatz zum Akzidenz, welches mit der Zeit verschwindet); aber *Ousia* bezeichnet auch zunächst den Grundbesitz, den Fonds [Kapital, Grundbesitz, Gelder].[5] Kurzum, der jüngere Sohn verlangt sein Kapital *(fonds)*, welches ihm gemäß dem Erbrecht zur Verfügung steht; von diesem Gesichtspunkt aus gibt ihm der Vater nur, was ihm zusteht; anders gesagt, gibt er ihm nichts mit dem, was er ihm überlässt und übereignet, er lässt allein Gerechtigkeit im gleichen Tausch walten.[6] Und der Vater gibt ihm wirklich vollen Besitz über sein eigenes »Leben« (Vers 12), verzichtet auf jegliches väterliche Recht über das, was er ihm nunmehr ohne Rückerstattung zugeteilt hat. Die Forderung nach dem Besitzfonds kommt also einer Verneinung der Gabe gleich, mehr noch einer Bestreitung der Vaterschaft des Vaters. Die frühere Gabe wird zu einem Besitz, den man zusammenbringt und -zählt, um ihn mit sich fort zu tragen (συναγαγων πάντα απεδήμησεν, Vers 13). Der Sohn *realisiert* die

---

[5] Über diesen Text und diesen Ausdruck vgl. bereits die vorgeschlagene Lektüre in J.-L. Marion, *Dieu sans l'être* (1982), Paris ³2002, III, § 4, 140 f.

[6] Die Aufteilung geschieht mit einem doppelten Teil für den ältesten Sohn und einem einfachen Teil für den jüngsten (nach Deuteronomium 21, 15–19), aber diese vorweg vollzogene Teilung ist weder verpflichtend noch angeraten (zumindest nach Jesus Sirach 33,19–23).

Gabe in einen dauerhaften Besitz (οὐσία). Demzufolge wird die gegebene Gabe (das Leben) unsichtbar, so wie auch der Vater zur gleichen Zeit verschwindet, seine Gegenwart und sogar das Gedächtnis an ihn sich in einem »fernen Land« *(région lointaine)* auflösen. Die Gabe verschwindet in dem »fernen Land«, der χωρα.[7]

Hieraus ergibt sich eine zweite Etappe. Die Bestreitung der Vaterschaft und folglich der Gabe lässt den Sohn im Besitz seines Fonds (seine οὐσία). Aber der Besitz hat seine Logik; die Lust dauert nur so lange, wie ihr *Besitz* anhält. Nun bleibt aber fremdartiger Weise die οὐσία nicht bestehen, zumindest nicht in absoluter noch steter Hinsicht. Nicht allein, dass sie so verschwinden kann, wie sie aufgetreten ist (die Philosophie kennt diese beiden Prozesse: die Genese und den Verfall, ψθορά), sondern vor allem kommt der Fonds – in dem Maße selbst, wie er sich dem Besitz darbietet und verbraucht wird – nicht umhin, sich nicht zu verschwenden (διεσκόρπιζειν, Vers 13), um schließlich zu fehlen (ὑστερεῖσθαι, Vers 14). Und dies nicht durch Nachlässigkeit, Unglück oder schlechte Berechnung, sondern der Definition gemäß; was besessen wird, wird getauscht, ausgegeben und geht somit verloren. Im strengen Sinne bringt der Besitz entsprechend der strengen Tauschlogik die »Hungersnot« hervor (Vers 14 und 17), und zwar einfach deshalb, weil nunmehr »niemand mehr gibt« (οὐδεις ἐδίδου, Vers 16). Der Sohn hat also nicht bloß keinen Vater mehr, sondern auch keinen Mitbürger mehr, da er keine Stadt, keinen Ort mehr hat (Vers 15), und auch nicht einmal mehr den sozialen Rang eines Tieres, welches zumindest einen Handelswert behält.[8]

Der Besitz (οὐσία) führt zu dessen Verlust. Was bleibt dem Sohn, *der keiner mehr ist?* Da er nicht mehr den Rang eines Sohnes erhoffen darf, trachtet er zumindest danach, eine Funktion im Tausch wieder zu finden. Diese rückzuerlangende Funktion kann ihm jedoch nur

---

[7] Es handelt sich um die χωρα, wie J. Derrida sie der Gegebenheit *(donation)* entgegenhält. Jedoch bedeutet χωραν μακράν nicht eine große Region, sondern eine entfernte Region *(région éloignée,* Adverb wie in Vers 20, wo der Vater seinen Sohn »von Weitem«, μακράν, sieht; ebenso in Lukas 7,6). – Vgl. J. Derrida, *Chora,* Wien 1990.

[8] Der Sohn wird nicht allein auf die Stufe der Schweine herabgewürdigt, die anscheinend die niedrigste ist (vgl. Levitikus 11, 7 und Matthäus 7,6), sondern sogar unterhalb derselben. Denn da die Schweine noch einen Handelswert haben, sieht man noch Futter für sie vor, welches nicht für den Schweinehüter vorgesehen ist, der folglich von den Resten zu leben hat, welche den Schweinen entwendet werden. Der Sohn wird also nicht nur unter-menschlich, sondern auch unter-tierisch.

von seinem Vater her in Aussicht gestellt werden, da er in dem »fernen Land« keinerlei andere soziale Verbindungsstelle mehr hat; er denkt also daran, sich als ein »Tagelöhner seines Vaters« Arbeit zu verschaffen (Vers 17). Es handelt sich hierbei um eine buchstäblich widersprüchliche Formel: Entweder wird er eingestellt, und zwar von einem Arbeitgeber, der sich sicher nicht wie sein Vater verhalten wird, oder er wird, sollte es sich um einen Vater handeln, von diesem nicht wie ein angestellter Tagelöhner betrachtet. Wenn er wie durch ein Wunder seinen Vater wieder finden sollte, so wird er des Weiteren nicht dessen Angestellter sein. Aber der Sohn, der ebenso völlig unbewusst hinsichtlich seiner Sohnschaft ist, wie er auch gänzlich der Gabe beraubt ist, sieht nicht einmal mehr deutlich den Unterschied zwischen einer Gabe und einem Besitz, sowie auch nicht die Unvereinbarkeit zwischen einem Sohn und einem angestellten Tagelöhner. In der Tat und in letzter Hinsicht weiß der Sohn sehr wohl, dass er seine Sohnschaft verloren hat, indem er den Anruf verloren hat; dass er den Anruf verloren hat, indem er die Antwort darauf verweigerte[9] – und sogar, dass er gar *nicht mehr ist*. Denn in diesen drei Bedeutungen lässt sich die Formulierung verstehen: »Ich bin nicht mehr (ουκετι ειμί) / wert, dein Sohn / zu heißen« (Vers 19 u. 21). Im Übrigen wird der Vater es genau in diesem Sinne verstehen, wenn er sagt, dass sein Sohn »tot« war (Vers 14 und 33).

Aber hier, nämlich selbst in der leersten und entferntesten χωρα, oder eher vielleicht wegen dieser Wüste, beginnt der Sohn, von einer Interpretation zur anderen überzugehen, indem er erneut den Vater in Betracht zieht. Er sieht in der Tat den abwesenden Vater in der Abwesenheit selbst jeglicher Gabe (Vers 16), die ihm in gewisser Weise seine anfängliche Verweigerung der Gabe des Vaters zurückbringt. Sein Vater zeichnet sich erneut im Mangel des Vaters ab. Anders gesagt, erscheint letzterer als der, gegen den der Sohn »gesündigt hat« (Vers 18 und 21), nämlich als der zurückgewiesene, verweigerte, verfehlte Vater. Das Verfehlen gegenüber dem Vater (die Sünde) verwandelt den Mangel des Vaters in die Abwesenheit *des Vaters*. Und zugleich beginnt der Sohn im Gestehen des Verfehlens (in Bezug auf den Vater) *sich selbst gegenüber*, wieder *sich* selbst als Sohn zu sehen

---

[9] In Auseinandersetzung mit Heidegger und Levinas ist die formale oder absolute Anrufsituation für den zum »Zeugen« berufenen »Menschen« zentral bei Marion; vgl. *Étant donné*, §27–28: »Deux appels en métaphysique – L'appel et le répons« (374–407) (Anm. d. Übers.).

(oder vielmehr beginnt er zum ersten Mal, dies wieder zu tun) – als einen Sohn, der seinen Vater anrufen (der Vokativ der Verse 18 und 21 kehrt den aus Vers 12 um) und den Anruf erneuern kann, selbst wenn er noch nicht versteht, dass dieser Vater ihn erneut als einen Sohn rufen kann. Zumindest erhebt sich der Sohn (Vers 18 und 20) ausreichend,[10] um sich zum Vater aufzumachen, das heißt unter der Gestalt seines Mangels, im doppelten Sinne des fehlenden und verfehlten Vaters.

Daraufhin kommt es zur letzten Etappe. Der Vater, welcher den verlorenen Sohn »von Weitem sieht« (Vers 20), empfängt ihn nicht nur, wie der verschwenderische Sohn es im besten Falle erhofft hatte, das heißt im Tauschverhältnis, sondern von Vornherein als einen Sohn (wobei der Vater dem Sohn nicht einmal die Zeit lässt, seinen Satz zu beenden, um sich als anzustellender »Tagelöhner« (μισθός) anzubieten (denn das im Vers 18 vorgesehene Wort findet sich nicht im Vers 21).[11] Der Vater gibt dem Sohn, was der Sohn nicht mehr forderte, nämlich die Sohnschaft, ohne sogar darauf zu hören, was der Sohn erbat – den Tausch. Der Vater antwortet auf die Anfrage, das Tauschverhältnis wieder herzustellen, durch die Gabe, oder vielmehr durch das Übermaß der Gabe,[12] das heißt durch die Wiederholung der Sohnschaft, durch das Verzeihen, welches die anfängliche und verlorene Gabe wiedergibt. Der Sohn hatte die Gabe (die Sohnschaft) dadurch unsichtbar gemacht, indem er sie sich als einen Fonds (ουσία) aneignete. Durch das Verzeihen, die wiedergegebene Gabe,

---

[10] Einige Ausleger weigern sich, ἀναστας (Vers 18) im starken Sinne von »sich erheben« wie später in der Auferstehung zu verstehen. Dies bedeutet, zwei Evidenzen zu verkennen: Der Sohn »geht in sich – εις εαυτόν« (Vers 17); eine radikale Formulierung, die man bei Epiktet (*Handbuch der Ethik* III, 1.5) wieder findet, sowie bei Petrus, der »zu sich kommt« (nach der wunderbaren Befreiung aus dem Gefängnis durch Engel, Apostelgeschichte 12,11). Aber vor allem findet sich die Rückkehr des Sohnes zwei Mal mit Ausdrücken des Todes und der Auferstehung beschrieben (Vers 24 u. 32), was vielleicht näher mit Johannes 5,24 und dem 1. Johannesbrief 3,14 zu vergleichen ist.

[11] Die Korrektur einiger Manuskripte, welche den Vers 21 vom Vers 19 her vervollständigen, ist also unnötig, und sogar irreführend, denn wie Loisy mit Recht bemerkt, »lässt der Vater ihm im Übrigen nicht die Zeit, noch mehr zu sagen« (*L'évangile selon Luc*, Paris 1924, 399).

[12] Im §20 und §23 wurde der Aspekt des Übermaßes der Gabe schon unter dem Gesichtspunkt des beschenkten Empfängers wie des Gebers der Gabe bereits von J.-L. Marion behandelt; vgl. 195–205: »La redondance à partir du donataire« u. 222–230: »La redondance à partir du donateur«, sowie auch die vorherige Anm. 1 u. 4 (Anm. d. Übers.).

erstattet ihm der Vater nicht nur zurück, was im Tausch verloren wurde (den Besitz), sondern er setzt ihn wieder in die Bewegung der gegebenen Gabe ein, so dass er ihm somit zum ersten Mal als gebender Vater *(père donateur)* erscheint und ihn selber zum ersten Mal als beschenkten Sohn *(fils donataire)* erscheinen lässt. Das Verzeihen lässt zum ersten Mal das vollständige Phänomen der Gabe zu Tage treten. Die Enthüllung des Vaters als Vater fällt mit der Enthüllung des Sohnes als Sohn zusammen. Nichts bestätigt dies besser als die vom Gleichnis benutzte Formulierung »[dies ist] mein Sohn« (Vers 24); sie wiederholt in der Tat wörtlich diejenige, wo der Vater bei der Taufe Christi (Matthäus 3,17 und Markus 1,11) ausruft: »Dies ist [mein geliebter] Sohn.«[13] Das Übermaß der Gabe, das Verzeihen, nimmt hier nicht weniger als einen trinitarischen Status an. Denn die Gabe gibt sich erneut im Verzeihen, und zwar in dem Maße, wie der Sohn den Vater in der Gabe wieder-sieht *(re-voit)*, anstatt ihn durch die Inbesitznahme der Gabe zu verleugnen. Dies kann nur durch den Übergang von einer ersten Interpretation zu einer weiteren Interpretation möglich werden, wobei dieser Übergang seinerseits die Umkehr des Blickes voraussetzt (in diesem Fall den Blick des Sohnes).

Dieser Übergang und diese Umkehr finden eine Bestätigung in der zweiten Antwort und in der Hermeneutik des ältesten Sohnes. Augenscheinlich (oder sogar wirklich) hat der Älteste seinen Teil am Erbe nicht gefordert und folglich auch nicht verschwendet. Er ist bei seinem Vater geblieben. Hat er aber trotzdem das Phänomen der Gabe zwischen sich und seinem Vater *gesehen?* Die ihn betreffende Erzählung antwortet auf diese Frage mit drei Momenten.

Seltsamerweise findet sich der älteste Sohn vom väterlichen Haus entfernt und muss auch dorthin zurückkommen (Vers 25: ἤγγισεν); ohne Zweifel nicht, weil er es verleugnet hatte, sondern weil er auf den Feldern arbeitete. Nichtsdestoweniger ist es so, dass er es bei seinem Heimkommen nicht mehr wieder erkannte, weil ein Fest

---

[13] Lukas 3,22 sagt noch mehr hierüber aus: »Du bist mein geliebter Sohn, an dir habe ich Wohlgefallen gefunden«, was nämlich die trinitarische Dimension dieser Proklamierung noch verstärkt. – Die dem zurückgekehrten Sohn verliehenen drei Gaben zeigen im Übrigen diesen Status einer vollständigen Sohnschaft: das Ehrengewand bezeichnet den Hauptgast des Empfangs (und müsste eigentlich das des ältesten Sohnes sein), der Ring an der Hand verweist auf den Erben, welcher das ganze Landgut besitzen wird, und die angezogenen Schuhe unterstreichen nicht nur den Unterschied mit dem Knecht (welcher barfuss geht), sondern auch den Abstand zum bloßen Besucher (dessen Füße man zwar wäscht, der aber ohne Sandalen im Haus läuft).

die Tagesarbeiten ersetzt hatte, woraus sich die Anfrage und – nach erfolgter Erklärung – seine Verweigerung ergibt, in das Haus einzutreten (Vers 28: ουκ ήθελεν εισελθειν), und zwar aus Zorn. Somit verabscheut der älteste Sohn bei seinem Heimkommen das väterliche Haus genau so, wie der jüngste Sohn es bei seinem Verlassen verabscheut hatte. Diese Ähnlichkeit wird durch dieselbe Bewegung bestärkt, welche im einen wie im anderen Fall der Vater auszuführen hat; er muss dem Sohn entgegengehen (»sein Vater aber kam heraus und redete ihm gut zu«, Vers 28 = Vers 20). Hieraus ergibt sich die Frage, ob das Motiv für den Zorn des Ältesten, welches ihn auf der Schwelle des väterlichen Hauses zurückhält, dem Motiv entspricht, das den Jüngsten aus diesem Haus vertrieb (der eine wollte weggehen, der andere nicht eintreten)?

Entgegen einem ersten Anschein zeigt dies ein zweites Moment. Denn der älteste Sohn beklagt sich, kein Gut zu Besitz gehabt zu haben (»mir aber hast du nie […] gegeben« – εμοι ουδέποτε έδωκας, Vers 29), während der Vater sehr wohl dem Jüngsten »gegeben« hatte (Vers 12: δóς)! In der Tat sieht der Älteste die Gabe zunächst nicht mehr, wie sie auch der Jüngste zunächst nicht sah – wie dieser zu Beginn sieht er nur den Besitz der Güter, wobei der einzige Unterschied im Zeitverhältnis besteht: Der Jüngste hat den Besitz bereits erprobt, der Älteste noch nicht (und er wird nur wegen dieses Verzugs an Besitz zornig, den er sich wie eine Vollendung erträumt). Hieraus folgt das Privileg des Jüngsten, denn da dieser das Besitzen als solches erfahren hat (als eine Verfehlung, und vor allem als das, was Mangel wie Fehlen heraufbeschwört), ist er schließlich dahin gelangt, die gegebene Gabe im Übermaß zu erfahren und letztlich als solche anzunehmen.

Zwei Punkte bestätigen dies. Zunächst versteht sich der älteste Sohn selber als ein »Knecht« (δουλεύω, Vers 29) seines Vaters, genauso wie sich der jüngste Sohn um besten Fall als (angestellter) »Tagelöhner« sah (Vers 17 und 19).[14] Außerdem möchte der älteste Sohn etwas aus demselben Grund wie sein Bruder besitzen, nämlich um ein Fest zu geben und es dabei ausgeben. Hinzu kommt ein größere Beleidigung gegenüber dem Vater (wodurch auch der Erstgedanke des Jüngsten offenbar wird); er will etwas vom Besitz, um das Fest mit jenen zu feiern, die er für seine Freunde hält (Vers 19: μετα των

---

[14] Oder wie im Gleichnis von den Talenten der dritte Knecht seinen Herrn als »einen strengen Mann« sah (Matthäus 25,24).

φίλων μου). Wie könnte deutlicher gemacht werden, dass er seinen Vater nicht zu seinen Freunden zählt, buchstäblich *seinen Vater nicht liebt?* Tatsächlich laufen diese beiden Punkte auf einen einzigen hinaus: Der älteste Sohn sieht nicht den Unterschied zwischen dem Freund und dem Knecht, während der Vater im Gleichnis nicht aufhört, wie Christus schweigend kundzutun: »Ihr seid meine Freunde (φίλοι). [...] Ich nenne euch nicht mehr Knechte (δούλους), weil der Knecht nicht weiß, was sein Herr tut. Vielmehr habe ich euch Freunde (φίλους) genannt, denn ich habe euch alles mitgeteilt, was ich von meinem Vater gehört habe« (Johannes 15,14–15). Somit bleibt der älteste Sohn im Horizont von Tausch und Besitz, genauso wie seine Bruder, und dies mit der Frustration, letztere zudem nicht verwirklicht zu haben. Aber im Unterschied zu seinem Bruder weiß er es nicht; er hat nicht die Erfahrung des Besitzens gemacht, welches zur Enteignung (»Hungersnot«) führt. Auch hat er den Mangel des Vaters nicht erfahren, noch *a fortiori* den Überfluss der Gabe an Stelle des nachgeforderten Tausches. Der Älteste, »der ältere Sohn«, befindet sich in der Tat *im Verzug (en retard)* gegenüber dem Jüngsten, der »ganz neu« ist.

Hinsichtlich des letzten Momentes lehrt der Vater den Sohn die Kluft zwischen der Gabe und dem Tausch, so wie das Verzeihen diesen Abstand zeigt. Das dem Jüngsten gewährte Verzeihen bedeutet wirklich die Gabe selbst in ihrer eigenen Logik – dass nämlich der Geber und der Prozess der Gabe stets der Horizont der gegebenen Gabe verbleiben, im Gegenteil zu dem, was die Verweigerung der Gabe hervorbringt: die Unsichtbarkeit des Gebers und des Gabenprozesses, welche von der besessenen, anonymen und opaken Gabe verdunkelt werden. Tatsächlich spricht der Vater (bei Lukas) zweimal dieselbe überreiche Gabe aus, wobei er (so zu sagen) zweimal Christi Worte (bei Johannes) zitiert. Zunächst: »Du bist immer bei mir« (Vers 31), anders gesagt: »Wie du, Vater, in mir bist und ich in dir« (Johannes 17,21). Sodann: »Und alles, was mein ist, ist dein – πάντα τα εμα σα εστίν« (Vers 31), anders gesagt: »Alles, was mein ist, ist dein, und was dein ist, ist mein – τα εμα πάντα σα εστίν, τα σα εμά« (Johannes 17,10). Das Meine kommt vom Deinigen und das Deine verweist auf das Meinige, so dass die Gabe nicht aufhört, sich wiederzugeben *(redonner)*, sich zu kreuzen, und in diesem Übermaß *(redondance)* unaufhörlich als solche erscheint. Der Vater *gibt* dem ältesten Sohn dessen Sohnestitel *wieder*, indem er mit »Sohn, τέκνον« (Vers 31) insistiert, denn dies ist stärker als der einfache Ausdruck υιός, um

163

den jüngsten Sohn zu bezeichnen.[15] Auch der trinitarische Status des Gabenübermaßes steht hier nicht mehr in Zweifel. Dies bedeutet nicht, dass das Übermaß nicht auch überall anders die Gabe als ein Phänomen vollen Rechts[16] erscheinen lässt. Tatsächlich geschieht das Verzeihen in der Misere des Alltäglichen ebenso regelmäßig und machtvoll wie in der Dreifaltigkeit. Alles hängt von der Antwort des ältesten Sohnes auf des Vaters Lehre ab, denn nichts beweist, dass er verstanden hätte, und sollte er verstanden haben, diese Lehre auch angenommen hätte. Jeder kann entscheiden, was der Sohn antworten wird oder antworten würde, da jeder von uns dieser Sohn *ist*.

Somit gibt das Verzeihen die Gabe wieder, und in diesem unaufhaltsamen Übermaß versetzt es den Geber und den Gabenprozess wieder in ihre ursprüngliche Sichtbarkeit, welche die Gabenverweigerung in einen opak gewordenen Besitz verdunkelt hatte. Das Verzeihen gibt der gegebenen Gabe ihre Sichtbarkeit wieder, so wie es ihren Geber vom Gesichtspunkt des Gebers aus wiedergibt, und dies in genauer Parallele zum Opfer, welches der gegebenen Gabe ihre Sichtbarkeit vom Gesichtspunkt des beschenkten Empfängers aus wiedergibt (§ 20–21).[17] Verzeihen und Opfer entsprechen sich so, um die Phänomenalität der *Donation* durch das zweifache Gabenübermaß erscheinen zu lassen – entweder vom Empfänger oder vom Geber aus. Die beiden biblischen Erzählungen bestehen in beiden Fällen auf der einzigen Bedingung, wie sie für ihre Verwirklichung durch die Hermeneutik der Gabe als solche gesetzt wird, das heißt als Prozess der »Donation« insgesamt (und nicht nur als deren Ergebnis). Der Empfangende muss darauf verzichten, die Gabe zu besitzen (anders gesagt, sie als Gabe zu verdunkeln, sie als solche zu verneinen), um sie mit ein und demselben Blick als solche zu sehen – den Geber durch

---

[15] F. Bovon besteht hierauf (*L'œuvre de Luc. Études d'exégèse et de théologie*, Paris 1987, 46). Dieser Titel, der emphatischer und intimer ist als der für den jüngsten Sohn zurückbehaltene Titel, bildet auch (wie »dein Bruder«, Vers 32) eine Antwort auf die Art und Weise, wie der älteste Sohn es verweigert, seinen Bruder als solchen zu nennen: »dein Sohn« (Vers 30).

[16] Vgl. im Einzelnen *Étant donné*, § 23: »Topique du phénomène«, sowie auch »Sättigung als Banalität« in: M. Gabel u. H. Joas (Hg.), *Von der Ursprünglichkeit der Gabe. Jean-Luc Marions Phänomenologie in der Diskussion*, Freiburg/München 2007, 96–139.].

[17] § 21 lautet »La confirmation d'Abraham« (205–211) und antwortet mit § 20 »La redondance à partir du donataire« (vgl. schon Anm. 12) auf die problematisierte Opfergabe im § 19: »Le sacrifice selon les termes de l'échange« (187–195 u. 195–205) (Anm. d. Übers.).

die Transparenz des Blickes zu sehen, oder noch genauer, den gesamten Prozess der Donation.[18] *Die Gabe kann nicht zugleich besessen werden und sich manifestieren.* Wenn sie besessen wird, um in der dauernden Anwesenheit *(présence)* fortzubestehen, muss sie in sich den Prozess ihrer Donation vernichten. Wenn es der Gabe aber gelingt, als Gabe zu erscheinen, das heißt als *gegeben im Prozess* der Donation, dann muss die Gabe darauf verzichten, sich selbst in dauerhafter Beständigkeit *(permanence)* zu besitzen, weil der Prozess der Donation vorübergehen *(passer)* muss, da er *geschieht (se passe).* Der Gesamtprozess der Donation dauert nicht, er wird ankünftig *(advient)* im Ereignis seines Übergangs. Darauf verzichten, die Gabe zu besitzen, oder genauer gesagt, um die Donation als den ihr eigenen Prozess sich manifestieren zu lassen, beinhaltet als Forderung weniger (oder mehr) eine ethische Umkehr (worauf sich übrigens die beiden in § 21 und 24 analysierten biblischen Texte[19] nicht beschränken) als vielmehr zunächst das Denken der Gabe, des Gegebenen und der Donation in ihrem Prozess – mithin gemäß ihrem radikalen Ereignis-Charakter.[20]

Aus dem Französischen von Rolf Kühn

---

[18] Schon in *Étant donné,* 18 ff., hatte J.-L. Marion selber die Polysemie von *Gebung, Gegebenheit, Gegebenem, Sichgeben, Selbstgegebenheit, Selbstgebung* etc. einer kritischen und exegetischen Analyse unterzogen, um die universale Formalisierung durch seinen Begriff der *Donation* in ihrer »Entfaltung« *(dé-pli)* zu rechtfertigen. Im Deutschen scheint es nicht möglich, letzteren Term durch einen einzigen Ausdruck jeweils wiederzugeben – zumal wenn hier am Ende der Untersuchung der reine *Prozesscharakter* von Gabe, Gebung und Gegebenheit unterstrichen wird, was mit der Übernahme des französischen Begriffs unterstrichen werden soll. Zu den komplexen Übersetzungsfragen vgl. auch die Monographie von Th. Alferi, *»Worüber hinaus Größeres nicht ›gegeben‹ werden kann …« Phänomenologie und Offenbarung nach Jean-Luc Marion,* Freiburg/München 2007, 21 ff. (Anm. d. Übers.).

[19] Das heißt vom Opfer Abrahams und vom verlorenen Sohn (Anm. d. Übers.).

[20] Die Analyse zum *Ereignis* als eine der maßgeblichen phänomenologischen Bestimmungen schon in *Étant donné* (§ 17 im Buch III) wird in *Certitudes négatives* durch Kap. V weitergeführt: »L'imprévisible ou l'événement« (243–308) und zu einem gewissen Abschluss gebracht, wie der Autor in seinem »Vorwort« beteuert. Dies bedeutet jedoch zugleich auch »eine Erweiterung des Theaters der Phänomnenalität« (ebd., 9), wie er mit dem Begriff der *Hermeneutik* innerhalb von Vergebung/Verzeihen und Opfer im obigen Text angedeutet ist (Anm. d. Übers.).

Die Autorinnen und Autoren

Olivier Artus
Nach dem Studium der Medizin und dem Doktorat und der Habilitation im Fach Theologie an der Universität Strasbourg wurde er Professor für Alttestamentliche Theologie am Institut Catholique Paris, wo er auch Vize-Rektor für Forschung ist. Publikationen: *Études sur le livre des Nombres. Récit, histoire et loi en Nb 13,1–20,13*, Fribourg-Göttingen, Vandenhoeck & Ruprecht, 1997; *Les lois du Pentateuque. Points de repères pour une lecture exégétique et théologique*, Paris, Cerf, 2005; *Le Pentateuque. Histoire et Théologie*, Paris, Cerf, 2011.

Elena Lasida
Nach dem Doktorat in den Sozial- und Wirtschaftswissenschaften am Institut Catholique in Paris ist sie derzeit an gleicher Stelle Professorin in dem Aufgaben- und Forschungsfeld von Ökonomie und Soziologie. Zudem ist sie mit Émilie Tardivel verantwortlich für ein dreijähriges Forschungsprojekt zum Thema Gemeinwohl (2013–2016). Publikationen: *Le goût de l'autre. La crise, une chance pour réinventer le lien*, Paris, Albin Michel, 2011.

Jean-Luc Marion
Professor em. für Philosophie an der Sorbonne (Paris IV), Professor am Institut Catholique de Paris und Professor für Religionsphilosophie und Theologie an der University of Chicago. 2008 wurde er mit dem Karl-Jaspers-Preis ausgezeichnet und als Mitglied in die Académie française gewählt. Publikationen: *L'idole et la distance. Cinq études*, Paris 1977; *Das Erotische. Ein Phänomen*. Aus dem Französischen übersetzt von Alwin Letzkus. Freiburg i.Br./München 2012; *Gott ohne Sein*, Paderborn 2014; *Gegeben sei – Entwurf einer Phänomenologie der Gegebenheit*, Freiburg i.Br./München 2015 (im Erscheinen).

Émilie Tardivel
Nach einem Doktorat in Philosophie an der Universität Paris 1 sowie dem Erwerb eines Diploms am Institut d'Études Politiques de Paris, derzeit Assistenzprofessorin an der Philosophischen Fakultät des Institut Catholique de Paris. Sie ist mit Elena Lasida verantwortlich für ein dreijähriges Forschungsprojekt zum Thema Gemeinwohl (2013–2016). Publikationen: *La Liberté au principe*, Paris, Vrin, 2011; *Tout pouvoir vient de Dieu. Un paradoxe chrétien*, Paris, Ad Solem, 2015; »Die christliche Politeia als Problem. Kommentar zur Apologie des Justin«, in: Jean-Luc Marion, Walter Schweidler (Hrsg.), Christentum und Philosophie. Einheit im Übergang, Freiburg i. Br./ München 2014, S. 397–413.

Walter Schweidler
Inhaber des Lehrstuhls für Philosophie an der Katholischen Universität Eichstätt-Ingolstadt. Von 2000 bis 2009 war er Professor für Praktische Philosophie an der Ruhr-Universität Bochum – Forschungsschwerpunkte: Gegenwärtige und neuzeitliche Ansätze der Ethik und der Politischen Philosophie; Rechtsphilosophie und Theorie der Menschenrechte; Phänomenologie, Philosophie Heideggers im Kontext der Hauptströmungen des 20. Jahrhunderts; Metaphysik und Metaphysikkritik; Interkulturelle Philosophie; Bioethik. Ausgewählte Publikationen: *Wittgensteins Philosophiebegriff*, München 1983; *Die Überwindung der Metaphysik*, Stuttgart 1987; *Geistesmacht und Menschenrecht. Der Universalanspruch der Menschenrechte und das Problem der Ersten Philosophie*, Freiburg/München 1994; *Das Uneinholbare. Beiträge zu einer indirekten Metaphysik*, Freiburg 2008, *Über Menschenwürde: Der Ursprung der Person und die Kultur des Lebens*, Wiesbaden 2012.

Textnachweise

Jean Luc Marion, »La raison du don«, in: *Philosophie* 78 (2003), S. 3–32.

Jean-Luc Marion, *Certitudes négatives*, Paris 2010.